# 101 IDEIAS
## DE COMO
# PAPA RICAR
## SUA ESPOSA
## E FORTALECER SEU LAR

**DAVID J. MERKH &
CAROL SUE MERKH**

©2020 por David J. Merkh e
Carol Sue Merkh

Revisão
*Josemar de Souza Pinto*

Capa
*Rafael Brum*

Diagramação
*Sonia Peticov*

Editora
*Marilene Terrengui*

2ª edição: outubro de 2020

Coordenador de produção
*Mauro W. Terrengui*

Impressão e acabamento
*Imprensa da fé*

Todos os direitos desta edição reservados para:
Editora Hagnos
Av. Jacinto Júlio, 27
04815-160 • São Paulo - SP • Tel. Fax: (11) 5668-5668
hagnos@hagnos.com.br • www.hagnos.com.br

**Dados Internacionais de Catalogação na Publicação (CIP)**
**Angélica Ilacqua CRB-8/7057**

Merkh, David J.

101 ideias de como papariçar sua esposa: e fortalecer seu lar / David J. Merkh & Carol Sue Merkh. — São Paulo: Hagnos, 2020.

ISBN 978-65-86109-07-8

1. Casais — Vida religiosa 2. Homem e mulher — Relações interpessoais 3. Casamento — Aspectos religiosos I. Título II. Merkh, Carol Sue.

20-1508 CDD-248.844

Índice para catálogo sistemático:
1. Casais: Amor conjugal: Vida cristã 248.844

## Dedicatória

*Para nossos modelos
de paixão e amor matrimonial,
mesmo com mais de sessenta anos de casados,*
sr. David e sra. Mary-Ann Cox.

## Sumário

| | |
|---|---|
| Introdução | 9 |
| 1. Pureza no lar | 11 |
| 2. Aliados da aliança | 13 |
| 3. Graça e verdade no lar | 15 |
| 4. Crescendo juntos no conhecimento de Deus | 17 |
| 5. Um sabe-tudo? | 18 |
| 6. As primícias ao Senhor | 19 |
| 7. Sono suave | 21 |
| 8. Dando uma mão | 22 |
| 9. Disciplina na diversão | 23 |
| 10. Culto doméstico | 25 |
| 11. Devocional a dois | 27 |
| 12. Decisões na luz | 28 |
| 13. Protetor do coração | 30 |
| 14. Alegria em seu próprio manancial | 32 |
| 15. Gazela graciosa | 34 |
| 16. *Carpe diem* | 35 |
| 17. Expressões corporais | 36 |
| 18. Evitando a mulher sensual | 37 |
| 19. A fome do justo | 39 |
| 20. Dia da Trabalhadora | 40 |
| 21. Poupando para o futuro | 42 |
| 22. A memória do justo | 44 |
| 23. Mananciais de vida | 45 |
| 24. O sábio silencioso | 46 |
| 25. Depoimentos de honra | 47 |

26. Rainha por um dia — 49
27. Controlando a ira — 50
28. A "fofoca" dos sábios — 51
29. A palavra que alegra — 52
30. O guia sábio — 53
31. Projetos terminados — 54
32. Promessas cumpridas — 55
33. Andando com os sábios — 56
34. Um legado espiritual — 58
35. Edificando a casa — 60
36. Acertando as contas — 61
37. Casa arrumada? — 62
38. Homens amargurados — 63
39. Inveja — 65
40. A resposta branda — 66
41. A árvore de vida — 67
42. Alegria no lar — 68
43. Pouco com o temor do Senhor — 70
44. Um prato de paz — 72
45. Perdoar é esquecer? — 74
46. A palavra a seu tempo — 76
47. Vida íntegra — 77
48. Meditando a resposta — 79
49. O olhar de amigo — 80
50. A repreensão salutar — 81
51. Humildade e hábitos — 83
52. A resposta do Senhor — 85
53. Soberba e ruína — 86
54. O primeiro amor — 87
55. A glória da vovó — 88

| | |
|---|---|
| 56. O cobertor do amor | 89 |
| 57. Amor na angústia | 90 |
| 58. Espírito sereno | 91 |
| 59. Ouvindo com o coração | 92 |
| 60. Amor a distância | 93 |
| 61. Mais chegado que um irmão | 94 |
| 62. O amigo que dá presentes | 95 |
| 63. O cofre do coração | 96 |
| 64. Desviando-se de contendas | 98 |
| 65. Planejando juntos | 100 |
| 66. Honrando os pais | 101 |
| 67. Promessas precipitadas | 103 |
| 68. Ensina a criança | 104 |
| 69. Amor à vista | 106 |
| 70. Tradições familiares | 108 |
| 71. Fidelidade + perseverança = excelência | 109 |
| 72. Contentamento | 111 |
| 73. Sobriedade | 112 |
| 74. O amor é PPTO | 114 |
| 75. O jugo igual | 115 |
| 76. Autoridade | 117 |
| 77. Mordomia | 119 |
| 78. Amor e justiça | 120 |
| 79. Comunicação direta | 121 |
| 80. Maçãs de ouro | 122 |
| 81. A crítica construtiva | 123 |
| 82. A brandura que esmaga ossos | 124 |
| 83. Moderação | 125 |
| 84. Boas-novas de longe | 126 |
| 85. Cidade sem muros | 127 |

| | |
|---|---|
| 86. Serviço de casa | 129 |
| 87. Homem contencioso... no trânsito | 131 |
| 88. Que outro te louve | 133 |
| 89. Amor eterno enquanto... | 134 |
| 90. Amor inconveniente | 136 |
| 91. Juntos na disciplina | 137 |
| 92. O temor aos homens | 138 |
| 93. O valor da mulher virtuosa | 140 |
| 94. Coração confiante | 141 |
| 95. Descanso necessário | 143 |
| 96. Abrindo a mão ao aflito | 144 |
| 97. Sacerdote do lar... e da comunidade | 145 |
| 98. Preocupações e oração conjugal | 146 |
| 99. O elogio familiar | 147 |
| 100. A mulher que teme ao Senhor | 148 |
| 101. Louvor público | 149 |

*Sobre os autores* — 151

*Outros recursos oferecidos pelos autores para a família e para grupos pequenos* — 153

## Introdução

O *Novo dicionário Aurélio* define "paparicar" como "tratar com cuidados [...] com que se tratam pessoas queridas". Esse "cuidado com pessoas queridas" é o que a Palavra de Deus chama "amor", especialmente o amor com que um homem deve tratar sua esposa:

> ... tratem-nas [as esposas] *com honra, como parte mais frágil e co-herdeiras do dom da graça da vida...* (1Pe 3.7 — NVI).

Paulo ecoa essa ideia quando diz:

> *Maridos, ame cada um a sua mulher, assim como Cristo amou a igreja e entregou-se por ela...* (Ef 5.25 — NVI).

Neste livro aplicamos as palavras de sabedoria do livro bíblico de Provérbios, junto com vários outros textos bíblicos de apoio, ao relacionamento conjugal e familiar. Cada seleção tem como base um provérbio bíblico e oferece uma sugestão prática para aplicá-lo numa vida sábia a dois. Muitas seleções encontram seu par no livro *101 ideias de como paparicar seu marido (e fortalecer seu lar)*. Sendo assim, marido e esposa podem compartilhar ideias e trabalhar juntos por uma família melhor.

Ninguém conseguirá seguir todas estas sugestões, mas esperamos que você encontre aqui uma fonte de ideias capaz de lhe dar um pouco mais de lenha para reacender o fogo em seu casamento e matéria-prima para fortalecer o fundamento do seu lar. Se ao menos uma ideia servir para enriquecer o seu lar, nosso trabalho não terá sido em vão.

Boa leitura!

# 1. Pureza no lar

> *O bom siso te guardará [...]*
> *para te livrar da mulher adúltera...*
> Provérbios 2.11a,16a

> *Por que, filho meu, andarias cego pela estranha*
> *e abraçarias o peito de outra?*
> *Porque os caminhos do homem*
> *estão perante os olhos do* Senhor,
> *e ele considera todas as suas veredas.*
> Provérbios 5.20,21

Sabedoria bíblica significa olhar para as decisões da vida com a perspectiva do alto, ou seja, do longo prazo. Jovens tendem a viver para o "aqui e agora". Mas maturidade espiritual faz com que "uma cabeça velha seja posta sobre ombros jovens". Sabedoria nos leva a prorrogar o prazer instantâneo, mas efêmero, em prol de algo mais profundo e duradouro.

Pureza sexual constitui uma das maiores preocupações do autor de Provérbios para o lar. À luz do que ele fala, podemos concluir que a maneira como respondemos diante da tentação sexual prova se realmente abraçamos a sabedoria bíblica ou não. Para o homem, dizer "não" aos seus desejos sexuais agora, em favor da pureza que agrada a Deus, exige um compromisso grande para com a sabedoria do alto.

Como homens, precisamos nos preparar para as inevitáveis tentações à infidelidade que enfrentaremos. A seguir, algumas sugestões práticas:

- Tome uma decisão antecipada sobre como irá reagir diante da tentação (1Ts 4.3).
- Examine as situações em que você se torna mais vulnerável e evite-as (Rm 13.14).
- Satisfaça-se com seu próprio cônjuge (1Co 7.1-5; Pv 5.15-19).

- Medite nas consequências a longo prazo do pecado sexual (Hb 11.25,26; Pv 5—7).
- Preste contas para alguém; não guarde segredos nem tente vencer essa batalha sozinho (Tg 5.16).
- Use filtros de *internet* e outros programas para evitar conteúdo pornográfico.
- Estabeleça uma ética pessoal com regras de comportamento com o sexo oposto.

Homens que viajam a serviço enfrentam tentações peculiares e fortes. Devem erguer suas próprias defesas contra a imoralidade e infidelidade conjugal:

- Pedir um quarto de hotel sem TV.
- Passar seu tempo livre lendo bons livros.
- Ligar para sua esposa diariamente.
- Evitar ficar a sós com pessoas do sexo oposto.

## 2. Aliados da aliança

> [A mulher adúltera] ... *deixa o amigo da sua mocidade e se esquece da aliança do seu Deus.*
> Provérbios 2.17

> *... o* Senhor *foi testemunha da aliança entre ti e a mulher da tua mocidade [...], sendo ela a tua companheira e a mulher da tua aliança.*
> Malaquias 2.14

Apatia espiritual inevitavelmente manifesta-se nos casamentos e nas famílias, primeiro na sociedade maior, depois entre o próprio povo de Deus. Uma das primeiras evidências de decadência é a desintegração de valores familiares. O pouco caso com que se trata a família revela a destruição dos fundamentos da sociedade. O aumento exponencial de adultério e divórcio em nossos dias reflete essa espiritualidade morna.

Os dois textos acima associam amizade conjugal com a aliança matrimonial selada diante de Deus e de testemunhas. Ambos apontam os perigos que ameaçam o lar: imoralidade (Pv 2.17) e divórcio (Ml 2.14).

Nos dias de Malaquias, as coisas andavam do mesmo jeito. Muitos anos depois do retorno do povo de Deus do exílio, mesmo havendo se livrado da antiga praga de idolatria, pairava sobre o povo uma apatia e letargia espiritual. A aparente religiosidade era oca e rotineira, e a indiferença refletia um coração longe do seu grande Deus (Ml 1.11,14). Essa indiferença precisava ser exposta por Deus.

O Senhor é a testemunha principal da aliança matrimonial feita entre casais. Seu nome é desonrado quando tratamos nossos votos de forma leviana. Malaquias nos lembra que:

- Deus foi a verdadeira testemunha do pacto selado entre os cônjuges (2.14a).

- O casamento tem como natureza uma amizade pactual (2.14b).
- O propósito do casamento é ser fonte de um legado perpétuo (2.15,16).

Como fortalecer seu compromisso para com os votos matrimoniais? A seguir, algumas ideias:

1. Repetir anualmente seus votos de casamento.
2. Convidar o pastor que fez seu aconselhamento pré-nupcial e/ou a cerimônia do seu casamento para uma refeição em casa.
3. Assistir (ou escutar) juntos à gravação do seu casamento.
4. Concordar em nunca cogitar, brincar ou ameaçar divórcio em suas discussões.
5. Celebrar seu aniversário de casamento.
6. Preparar um memorial criativo dos seus votos de casamento (ponto-cruz, moldura) e pendurá-lo em casa.
7. Afirmar seu amor incondicional ("Eu te amo"), sem outras qualificações ("porque você é linda demais" etc.).
8. Estudar juntos textos bíblicos que falam da importância de cumprir votos e compromissos assumidos diante de Deus (Ec 5.1-7; Sl 15.4; Pv 20.25; Lv 27).
9. Assistir juntos a cerimônias de casamento e conversar depois sobre a mensagem e os votos.
10. Procurar ajuda quando estiverem enfrentando dificuldades no relacionamento.

# 3. Graça e verdade no lar

*Não te desamparem a benignidade e a fidelidade;
ata-as ao pescoço; escreve-as na tábua do teu coração.*
Provérbios 3.3

*O que diz a verdade manifesta a justiça,
mas a testemunha falsa, a fraude.*
Provérbios 12.17

*Mas, seguindo a verdade em amor, cresçamos em tudo
naquele que é a cabeça, Cristo [...].
Por isso, deixando a mentira, fale cada um a verdade com
o seu próximo, porque somos membros uns dos outros.*
Efésios 4.15,25

Benignidade (graça ou amor fiel) e fidelidade (verdade) andam de mãos dadas no relacionamento a dois. Sem elas, nenhum casal consegue a verdadeira intimidade, característica dos melhores casamentos.

No contexto do amor incondicional (graça), ficamos livres para expor a verdade do nosso coração. Também baixamos a guarda para realmente ouvir a verdade do cônjuge sobre áreas da nossa vida que ainda não parecem com Cristo Jesus.

Mentira representa o auge da autoproteção e é inimiga do relacionamento conjugal. A mentira sacrifica a intimidade sobre o altar da desconfiança. Significa morte para o relacionamento, pois a pessoa mentirosa valoriza mais o seu próprio bem-estar, conforto e ilusão de segurança do que o relacionamento em si.

O problema com nossas pequenas mentiras ("Sim, querida, gosto muito daquele vestido") é que muitas vezes *nós* as esquecemos, mas nossas esposas não ("Mas dois meses atrás você falou que gostava desta cor!"). Precisamos falar *a verdade em amor*, mas com muito tato, para não ferir nossa esposa desnecessariamente.

Quando é preciso falar, fale sempre a verdade, mas com graça e amor. Se precisar falar verdades duras, procure fazer um "sanduíche", usando o "pão" de afirmação (ou elogio) com amor incondicional ao redor do "recheio" da crítica.

# 4. Crescendo juntos no conhecimento de Deus

> *Confia no* SENHOR *de todo o teu coração*
> *e não te estribes no teu próprio entendimento.*
> *Reconhece-o em todos os teus caminhos,*
> *e ele endireitará as tuas veredas.*
> Provérbios 3.5,6

Como podemos expressar nossa confiança no Senhor como casal? Como crescer juntos no conhecimento de Deus?

Historicamente, o povo de Deus tem recorrido a duas disciplinas da vida cristã para crescer na fé mútua matrimonial: a leitura devocional e a oração.

A leitura devocional como casal fornece a matéria-prima da Palavra de Deus que nos leva a conhecer a Deus. Deus já se revelou em sua Palavra. A melhor maneira de conhecê-Lo é descobrindo quem Ele é pelo que Ele já falou sobre Si mesmo.

A fonte principal para esse tempo devocional deve ser a própria Palavra de Deus, mas hoje existem muitos recursos disponíveis focados na Palavra que também podem ajudar. Não há falta de excelentes livros devocionais e *sites* da *internet* que podem facilitar o crescimento espiritual do casal.

A oração conjugal traz ambos para mais perto de Deus e um do outro. É uma maneira de "reconhecer a Deus em todos os caminhos" (ou, literalmente, "conhecer" a Deus). A maioria dos casais nunca ora juntos, a não ser antes de uma refeição familiar. Para superar essa dificuldade, uma ótima área para começar é a oração pelos filhos. Se não sabem onde começar na oração conjugal, orem pelos filhos usando este esboço simples de quatro "cês":

- Conversão genuína dos filhos.
- Caráter parecido com Cristo.
- Casamento em um jugo igual para a glória de Deus.
- Carreira (profissão) que honre a Deus e que traga realização.

## 5. Um sabe-tudo?

> Não sejas sábio aos teus próprios olhos;
> teme ao Senhor e aparta-te do mal;
> será isto saúde para o teu corpo
> e refrigério, para os teus ossos.
>
> Provérbios 3.7,8

Ninguém gosta, nem aguenta, o sabe-tudo. Aos seus próprios olhos, talvez ele se considere o presente de Deus para o mundo. Mas, para os outros, ele mais se assemelha a uma praga do que a um presente.

Às vezes, na tentativa de resolver os problemas de todo mundo, nós, homens, tendemos a ser sabe-tudo. Mas nem sempre as pessoas ao nosso redor — especialmente a nossa esposa — querem ser "consertadas".

O temor ao Senhor exige a humildade de reconhecer que não sabemos tudo, não entendemos tudo e não conseguimos consertar tudo. "Confiar no Senhor de todo o nosso coração" exige que não *dependamos do nosso próprio entendimento* (Pv 3.5).

Outro problema com o sabe-tudo é que ele não valoriza as sugestões, opiniões e perspectivas de outras pessoas. O marido que age assim com sua esposa esquece de que, "se duas pessoas sempre concordam, uma delas é desnecessária". Ou seja, o brilho do casamento — feito para refletir a beleza da Trindade: unidade em diversidade (Gn 1.26,27) — está na diversidade de perspectivas dentro de um único propósito conjugal. O marido que abafa as contribuições da esposa age como se fosse uma ilha, autossuficiente e independente, sem necessidade de uma *auxiliadora idônea* (Gn 2.15-20; compare com Pv 18.1).

Como marido, você tem maximizado os dons da sua esposa? Valoriza a opinião dela? Pensa duas e três vezes antes de tomar uma decisão contrária ao que ela pensa?

Que tal pedir a opinião de sua esposa hoje em uma área em que ela tem mais facilidade do que você? Aproveite bem os dons e talentos dela. Você pode aprender algo útil!

## 6. As primícias ao Senhor

> Honra ao Senhor com os teus bens
> e com as primícias de toda a tua renda;
> e se encherão fartamente os teus celeiros,
> e transbordarão de vinho os teus lagares.
>
> Provérbios 3.9,10

Como líder do lar, você tem levado sua família à prática de uma boa mordomia, dedicando ao Senhor as primícias (a primeira parte) da sua renda?

No contexto da passagem acima, encontramos a ordem de confiar no Senhor de todo o nosso coração, reconhecendo-o em todos os nossos caminhos. A contribuição para a obra do Senhor manifesta essa dependência e reconhecimento dEle de forma clara e direta.

Devolver para Deus uma porção do muito que nos deu parece absurdo para um mundo autossuficiente e arrogante. Mas essa disciplina da contribuição nos lembra de que somos simples mordomos das bênçãos de Deus e que existimos e prosperamos porque Ele assim determinou.

Quanta alegria experimenta o casal que concorda em trabalhar para abençoar outros através de dízimos e ofertas! Longe de ser um desperdício dos frutos que colheram do seu trabalho árduo, o casamento adquire alvos e propósitos além de si mesmo.

Que tal sentar com sua esposa para planejar, diante do Senhor, como vocês irão "reconhecê-Lo" em sua vida financeira? Para isso, talvez seja necessário um orçamento bem detalhado para realmente descobrirem onde gastam seu dinheiro. Também precisarão tomar medidas para diminuir ou até mesmo eliminar as dívidas que tantas vezes estrangulam a oferta das "primícias" ao Senhor.

Estabeleçam alvos em termos de contribuição, conforme Deus fizer prosperar sua família. Pense em termos de porcentagens, e não somente valores que podem crescer enquanto Deus aumenta sua renda. Não se limite ao dízimo. E pense em maneiras pelas quais poderiam sustentar a obra da igreja e envolver-se em trabalhos filantrópicos sociais (na medida do possível, através de agências sérias e fundamentadas na Palavra e no evangelismo). Pensem juntos na possibilidade de adotar um projeto missionário para que seu casamento produza frutos eternos.

# 7. Sono suave

> ... guarda a verdadeira sabedoria e o bom siso [...].
> Quando te deitares, não temerás;
> deitar-te-ás, e o teu sono será suave.
> Provérbios 3.21b,24

> Irai-vos e não pequeis; não se ponha o sol sobre a vossa ira, nem deis lugar ao diabo.
> Efésios 4.26,27

Nada detona tanto o sono quanto a ira não resolvida. Quantos casais tentam dormir com tensão e conflito não resolvido — cada um fitando a parede do seu lado da cama, alimentando mágoas, ruminando respostas ou simplesmente chorando?

O sono suave vem como fruto da paz conjugal. Mas custa caro. Talvez o casal precise combinar nunca ir para a cama sem primeiro ter resolvido, se não a disputa em si, pelo menos o sentimento de raiva. Com o tempo, mesmo uma ira considerada justa (por exemplo, diante de injustiças ou na defesa de outros) pode evoluir para algo mais pessoal e culminar em mágoas e ressentimentos. O diabo aproveita essa brecha para afastar o casal.

Nunca durmam bravos, muito menos em quartos separados, em razão das discussões entre si. Evitem ao máximo dormir em horários separados como casal.

Que tal criar o hábito de terminar seu dia junto com sua esposa, lendo textos da Palavra de Deus ou um livro devocional direcionado para casais, e no final orando juntos? Talvez você precise ter disciplina para desligar a TV mais cedo, mas valerá a pena.

## 8. Dando uma mão

> Não te furtes a fazer o bem a quem de direito,
> estando na tua mão o poder de fazê-lo.
> Provérbios 3.27

Você sabia que o amor é benigno e não procura seus próprios interesses (1Co 13.4,5)?

A essência da vida cristã é uma vida "outrocêntrica", ou seja, viver sua vida para abençoar outros. Marcos destaca essa característica da vida de Jesus: ele *não veio para ser servido, mas para servir e dar a sua vida em resgate por muitos* (Mc 10.45). Quando a imagem de Cristo é formada em nós, parecemos cada vez mais com Ele. Morremos para nós mesmos e vivemos para agradá-Lo.

No casamento cristão, o casal vive para abençoar um ao outro. O egoísmo nato do nosso coração se transforma em um estilo de vida de serviço mútuo. Conforme o provérbio, quando temos em mãos o poder de fazer o bem a alguém, devemos fazê-lo.

Quando você perceber que sua esposa está em apertos com as tarefas domésticas, não espere ser solicitado, mas demonstre seu amor voluntário: lavando a louça, trocando uma fralda do bebê, consertando aquela pia ou torneira quebrada há dias, limpando a geladeira etc. Esses atos de bondade falarão mais alto do que meras palavras!

## 9. Disciplina na diversão

> *Não tenhas inveja do homem violento,*
> *nem sigas nenhum de seus caminhos;*
> *porque o Senhor abomina o perverso,*
> *mas aos retos trata com intimidade.*
> *A maldição do Senhor habita na casa do perverso,*
> *porém a morada dos justos ele abençoa.*
> Provérbios 3.31-33

> *... Portas a dentro, em minha casa, terei coração sincero.*
> *Não porei coisa injusta diante dos meus olhos;*
> *aborreço o proceder dos que se desviam;*
> *nada disto se me pegará.*
> Salmo 101.2b,3

As pesquisas comprovam a epidemia de violência e imoralidade no Brasil, tanto na vida virtual como real. Parece que o mundo procura preencher o vazio em seu coração por esses meios perversos. Mas é difícil compreender por que os filhos de Deus permitem que a violência e imoralidade do mundo invadam seus lares. Não podemos sair do mundo, mas será que precisamos trazer o mundo para dentro de casa? Em nome do "entretenimento", acabamos nos tornando como o mundo.

É possível sermos puros e santos num mundo que nos bombardeia diariamente com a perversidade? É possível ser íntegro num mundo de corrupção? É possível ser puro num mundo de sedução?

Reavivamento verdadeiro manifesta-se primeiro em sua casa e na minha! Deus responsabiliza o homem, por ser líder do lar, pelo entretenimento que enche a sua casa. Você quer fazer parte de um reavivamento? Permita que Jesus transforme seu lar pelo Espírito.

Hoje, mais do que nunca, Deus está chamando famílias para serem corajosas, para enfrentar a maré e ir contra a multidão que tolera o mal dentro da própria casa. Não baixe a guarda, dando ao diabo livre acesso ao seu lar.

Uma vida de integridade dentro do lar tem enormes implicações para o tipo de entretenimento que permitimos em nossa família. O salmista pôs uma venda sobre seus olhos para não ter que contemplar o mal. Resolveu evitar tudo que era inútil, perverso, corrupto, sensual ou simplesmente uma perda de tempo.

Precisa-se de líderes familiares que tomem decisões difíceis ao evitar que a sujeira do mundo desfile em seu lar.

O apóstolo Paulo disse: *Finalmente, irmãos, tudo o que é verdadeiro, tudo o que é respeitável, tudo o que é justo, tudo o que é puro, tudo o que é amável, tudo o que é de boa fama, se alguma virtude há e se algum louvor existe, seja isso o que ocupe o vosso pensamento* (Fp 4.8).

## 10. Culto doméstico

> *Quando eu era filho em companhia de meu pai,*
> *tenro e único diante de minha mãe,*
> *então, ele me ensinava e me dizia:*
> *Retenha o teu coração as minhas palavras;*
> *guarda os meus mandamentos e vive;*
> *adquire a sabedoria, adquire o entendimento*
> *e não te esqueças das palavras da minha boca,*
> *nem delas te apartes.*
>
> Provérbios 4.3-5

Salomão conta para seu filho o que seu pai Davi fez para ensinar-lhe a Palavra do Senhor. Essa instrução familiar hoje tem vários nomes: o altar familiar; catequismo; culto doméstico.

Quando alguns ouvem o termo "culto doméstico", pensam em uma liturgia de hinos gregorianos, a leitura de três capítulos de Levítico e longas orações em favor de todos os missionários nos seis continentes do mundo. Mas "culto doméstico" nada mais é do que uma expressão "doméstica" da nossa adoração a Deus, com instrução na Palavra de Deus.

Como família, reconhecemos nossa necessidade absoluta da Palavra do Senhor. Pedro diz que devemos desejar *ardentemente, como crianças recém-nascidas, o genuíno leite espiritual, para que, por ele, [nos] seja dado crescimento para salvação* (1Pe 2.2). Por isso, lemos a Palavra juntos, mesmo que sejam porções pequenas ou extraídas de bons livros devocionais, voltados para a Bíblia.

De tudo o que o marido e pai, pastor e líder do lar pode fazer para fortalecer sua família, o culto doméstico talvez seja o principal.

Se você ainda não tem esse costume e nunca viu um bom modelo de culto doméstico, siga alguns destes princípios:

- Comece simples.
- Seja breve.

- Encoraje muita participação.
- Com crianças de 10 anos e mais, use o livro de Provérbios!

Acima de tudo, coloque "água na boca" da sua família para ouvir a Palavra de Deus e assim crescer espiritualmente.

## 11. Devocional a dois

> O princípio da sabedoria é: Adquire a sabedoria;
> sim, com tudo o que possuis, adquire o entendimento.
> Provérbios 4.7

A Palavra de Deus é a nossa fonte de sabedoria. Como podemos crescer em sabedoria como casais sem lançar mão do maior recurso que Deus nos deu para isso?

Se você e sua esposa ainda não têm o costume de fazer um devocional juntos, que tal conversar a respeito disso? Pergunte se vocês não poderiam achar um tempo para ler um texto bíblico ou uma seleção devocional de um autor respeitado e bíblico. Pode ser no início do dia, após uma refeição ou talvez antes de dormir, ou em qualquer outro horário adequado. *O que a grande maioria das esposas cristãs mais quer no lar é um marido que tome a iniciativa no pastoreio da família!*

Pode ser que Deus tenha dotado a esposa com maior disciplina e sensibilidade espiritual para isso. Se sua esposa for assim, convide-a a tomar a iniciativa e lembrá-lo desse compromisso para com a Palavra de Deus. Com as múltiplas mídias sociais disponíveis hoje, podem fazer seu tempo devocional juntos até mesmo a distância.

Podem usar apenas a Bíblia ou comprar um dos vários livros devocionais no mercado que têm seleções breves e contundentes, fáceis de ler, mas de conteúdo sólido e bíblico. Podem começar com literatura voltada para a vida conjugal, mas não precisam se restringir a isso.

## 12. Decisões na luz

Mas a vereda dos justos é como a luz da aurora,
que vai brilhando mais e mais até ser dia perfeito.
O caminho dos perversos é como a escuridão;
nem sabem eles em que tropeçam.
Provérbios 4.18,19

Há caminho que ao homem parece direito,
mas ao cabo dá em caminhos de morte.
Provérbios 14.12; 16.25

O caminho do insensato aos seus próprios olhos parece reto,
mas o sábio dá ouvidos aos conselhos.
Provérbios 12.15

Cada decisão que tomamos na vida tem o potencial de nos levar para mais perto ou mais longe da luz. Conforme Provérbios 4.18,19, uma decisão em direção às trevas leva para mais trevas; decisões em prol da luz levam para mais luz. Por isso, as nossas decisões, por menores que pareçam, têm o potencial de alterar a nossa vida. Flora Whittemore disse: "As portas que abrimos e fechamos a cada dia decidem as vidas que viveremos".

Provérbios ensina que a pessoa é a soma das decisões que tomou ao longo de sua vida. Algumas decisões são neutras. Outras alteram o rumo da nossa vida — ou de outros.

O poeta americano Robert Frost capturou essa ideia em sua famosa poesia *The road not taken* (A trilha não escolhida):

Direi isto suspirando,
Em algum lugar, daqui a muito e muito tempo:
Duas estradas bifurcavam numa árvore,
E eu trilhei a menos percorrida,
E isto fez toda a diferença.

O homem sábio toma decisões sempre à luz da Palavra de Deus. Se ele tem uma esposa temente a Deus, também considera cuidadosamente a opinião dela. Ela é um presente de Deus em sua vida, uma *auxiliadora idônea*. O homem impetuoso, impulsivo, teimoso e independente recusa ouvir conselhos e corre adiante, ignorando a sabedoria divina e o bom senso feminino.

Antes de tomar decisões que afetam o bem-estar da sua família, consulte a sua esposa e, juntos, a Deus.

## 13. Protetor do coração

*Sobre tudo o que se deve guardar, guarda o coração, porque dele procedem as fontes da vida.*
Provérbios 4.23

*Tomou, pois, o Senhor Deus ao homem e o colocou no jardim do Éden para o cultivar e o guardar.*
Gênesis 2.15

*Assim também os maridos devem amar a sua mulher como ao próprio corpo.*
*Quem ama a esposa a si mesmo se ama.*
*Porque ninguém jamais odiou a própria carne; antes, a alimenta e dela cuida, como também Cristo o faz com a igreja.*
Efésios 5.28,29

Deus fez o homem para ser um protetor. Parte do mandato inicial para Adão, no jardim do Éden, foi de cultivar e guardar o jardim e tudo que havia nele — inclusive Eva, sua esposa (Gn 2.15). Infelizmente, Adão falhou, tanto na proteção do jardim como da esposa. Por causa do seu pecado, a terra foi sujeita a gemidos até hoje (Rm 8.19,20). E o relacionamento conjugal também geme pelo fato de que o marido não protege a esposa como devia. Ela, por sua vez, resiste à sua liderança (Gn 3.16).

Em Cristo Jesus, Deus novamente chama homens para serem protetores da esposa, assim como Cristo se entregou a favor da sua esposa, a igreja. Esse amor sacrificial faz com que o marido não somente defenda sua esposa contra todo e qualquer tipo de ataque por terceiros (filhos, sogros, pais, amigas etc.), mas que seja proativo no cuidado dela.

Você é um protetor da sua esposa? Ela carrega um fardo pesado na criação de seus filhos? O bom marido protege sua esposa, às vezes dos próprios filhos do casal! Quando for preciso, intervenha em situações difíceis que a estejam entristecendo e assuma mais responsabilidade pela correção de atitudes e ações erradas dos filhos.

Como marido, você também deve fazer o possível para cuidar do físico dela. Você proporciona descanso quando ela precisa? Enche o tanque do carro para ela? Faz pequenos serviços ao redor da casa para ajudá-la? Leva as crianças ao parque para que ela possa ter um tempo a sós? Procure uma maneira prática hoje de ser o protetor que sua esposa precisa.

# 14. Alegria em seu próprio manancial

*Bebe a água da tua própria cisterna
e das correntes do teu poço. [...]
Seja bendito o teu manancial,
e alegra-te com a mulher da tua mocidade.*
Provérbios 5.15,18

*O marido conceda à esposa o que lhe é devido,
e também, semelhantemente, a esposa, ao seu marido.*
1Coríntios 7.3

O melhor remédio contra a infidelidade no casamento é a paixão no lar. O homem sábio se contenta com o prazer íntimo que sua esposa lhe dá.

Provérbios 5 usa uma série de metáforas para descrever a satisfação sexual no casamento. Seus comentários se aplicam igualmente a homens e mulheres, embora direcionados para os homens. No contexto, uma resposta à tentação sexual na praça é o prazer pleno no lar. Não há nada melhor que um banquete em casa para fazer o homem ou a mulher se abster de comer comida estragada na rua.

A exortação do pai para o filho é de esperar o momento certo para beber das fontes quase ilimitadas do prazer sexual matrimonial. A água que corre pela sarjeta é poluída e nojenta. Mas as correntes no lar — que seriam suficientes para satisfazer um exército de homens sedentos — são reservadas exclusivamente para o cônjuge.

O relacionamento íntimo entre um homem e uma mulher só deve melhorar enquanto seu amor aumenta no decorrer dos anos. Nada se compara à alegria profunda de um relacionamento sexual com alguém que conhece tudo a seu respeito — o bem e o mal — e mesmo assim se entrega a você com amor incondicional!

Você tem se satisfeito com o "manancial de amores" que é sua esposa? Seus olhos são somente para ela, ou tendem a "vaguear por aí"?

Em momentos oportunos, conversem sobre a vida sexual de vocês. Como homem, lembre-se de que a vida "outrocêntrica" de Jesus também se manifesta na relação do casal. Sempre procure conceder o prazer para ela, antes do seu.

Não faça comparações com fantasias ilusórias de filmes a que você assistiu, e não a humilhe com atos e palavras com os quais ela não concorda. Que tal presenteá-la com uma camisola nova? Faça do relacionamento íntimo de vocês um manancial de alegria para ambos!

## 15. Gazela graciosa

> ... alegra-te com a mulher da tua mocidade,
> corça de amores e gazela graciosa.
> Provérbios 5.18b,19a

> Pois o exercício físico para pouco é proveitoso, mas a piedade para tudo é proveitosa, porque tem a promessa da vida que agora é e da que há de ser.
> 1Timóteo 4.8

O cristão cuida tanto do seu físico quanto do espiritual. À luz de 1Timóteo 4.8, o espiritual traz duplo benefício — agora e no além. Mas o cuidado do nosso físico também é proveitoso.

A paixão no casamento vai além da mera aparência, mas inclui a atração física. As belas e encantadas declarações de apreciação física que encontramos no Cântico dos Cânticos nos lembram disso, assim como a exortação do pai para seu filho em Provérbios 5.18,19 para alegrar-se com a mulher da sua mocidade. Deus abençoa a paixão do casal casado.

O marido sábio não somente cuida da sua aparência e da sua alma, mas proporciona à esposa essas possibilidades também. Infelizmente, alguns maridos controlam o dinheiro da família com dureza e não permitem que a esposa se trate, mesmo de forma ocasional, no salão de beleza ou na compra de alguma roupa nova. O marido sábio incentiva e ajuda sua esposa a se arrumar e elogia a beleza dela sempre que pode.

# 16. Carpe diem

*Seja bendito o teu manancial,
e alegra-te com a mulher da tua mocidade.*
Provérbios 5.18

*Goza a vida com a mulher que amas, todos os dias de tua
vida fugaz, os quais Deus te deu debaixo do sol;
porque esta é a tua porção nesta vida
pelo trabalho com que te afadigaste debaixo do sol.*
Eclesiastes 9.9

Salomão repete o mesmo conselho matrimonial em Provérbios e Eclesiastes: Alegre-se com a sua esposa!

Por sete vezes o livro de Eclesiastes olha por cima do sol para encarar a vida pela perspectiva divina (2.24; 3.12,13; 3.22; 5.18; 8.15; 9.7,8; 11.9). Nesses textos, as nuvens de pessimismo do homem sem Deus se dissipam. A vida é vista como uma dádiva preciosa a ser curtida e investida no temor do Senhor. Ou seja, *Carpe diem* — "agarre-se ao dia", "aproveite o momento".

Entre as maiores alegrias que Deus nos concede, encontra-se o relacionamento familiar. Salomão inclui o amor conjugal como aspecto fundamental da vida vivida no temor do Senhor: *Goza a vida com a mulher que amas!*

Infelizmente, às vezes vivemos tanto no futuro que deixamos de curtir o dia de hoje como presente de Deus. Pensamos: "Não vejo a hora de _____". Mas de tanto esperar o futuro, esquecemos que hoje é o futuro pelo qual ansiamos ontem. Não temos garantias do amanhã, mas temos o hoje.

Que tal saborear o prazer da vida familiar hoje? Pare de olhar o celular ou assistir à TV durante a refeição familiar. Compartilhe as bênçãos, por mais simples que pareçam, que vocês já desfrutam. Pense nos "pequenos abraços" que Deus lhes deu ao longo do seu dia. Promova algum passeio em família, mesmo que seja só uma caminhada no parque. Assista a um filme junto com sua esposa para terminar o dia. *Carpe diem!*

## 17. Expressões corporais

> *O homem de Belial [inútil], o homem vil,*
> *é o que anda com a perversidade na boca,*
> *acena com os olhos, arranha com os pés*
> *e faz sinais com os dedos.*
> *No seu coração há perversidade;*
> *todo o tempo maquina o mal;*
> *anda semeando contendas.*
> Provérbios 6.12-14

Às vezes, falamos mais pelos maneirismos e expressões faciais do que com as palavras. Provérbios adverte contra o homem que revela a perversidade do seu coração pela linguagem corporal.

Foi assim também com Caim. Quando a oferta dele não foi aceita por Deus, mas a do seu irmão sim, Deus o desafiou: *Por que andas irado, e por que descaiu o teu semblante?* (Gn 4.6).

Jesus disse que os olhos são a lâmpada do corpo todo (Mt 6.22,23). O nosso coração se manifesta pelos olhos e por outros gestos corporais.

Vigie suas palavras, mas vigie também suas expressões faciais em conversa com sua esposa. Atitudes de impaciência, ira, menosprezo e mágoas se transmitem pelo corpo mais do que imaginamos. Cuidado com deslizes que comunicam muito mais do que talvez você queira dizer!

## 18. Evitando a mulher sensual

*Não cobices no teu coração a sua formosura [da mulher adúltera], nem te deixes prender com as suas olhadelas.*
Provérbios 6.25

[Disse Jó:]
*Fiz uma aliança com meus olhos
de não olhar com cobiça para nenhuma jovem. [...]
Se meu coração foi seduzido por uma mulher,
ou se cobicei a esposa de meu próximo,
que minha esposa se torne serva de outro homem;
que outros durmam com ela.
Pois a cobiça é um pecado vergonhoso,
um crime que merece castigo.*
Jó 31.1,9-11 (*Nova Versão Transformadora*)

A discrição moral começa com disciplina mental. Jó exemplifica, e o pai em Provérbios ensina, como devemos fugir da imoralidade.

A sexualidade é uma das principais frentes de ataque usadas por Satanás para derrubar os filhos de Deus, o lar cristão e a igreja de Jesus Cristo. Viver no mundo hoje implica correr o risco de cair em emboscadas preparadas diariamente pelo inimigo da nossas almas; implica enfrentar diariamente um bombardeio contra nossa pureza. Como filhos de Deus, precisamos decidir, pelo poder do Espírito, não entrar no jardim do vizinho.

O livro de Provérbios mostra como as decisões tomadas na área da sexualidade refletem o verdadeiro estado do nosso coração. Provérbios fala mais sobre a tentação sexual do que qualquer outro assunto. O pai fala em claro e alto som quando adverte seu filho contra as armadilhas sensuais que inevitavelmente serão postas diante dele.

O conselho unânime para evitar a imoralidade é: *fugir*!

*Afasta o teu caminho da mulher adúltera
e não te aproximes da porta da sua casa.* (Pv 5.8)

*Tomará alguém fogo no seio, sem que as suas vestes se incendeiem?
Ou andará alguém sobre brasas, sem que se queimem os seus pés?*
(Pv 6.27,28)

*Não se desvie o teu coração para os caminhos dela,
e não andes perdido nas suas veredas.* (Pv 7.25; veja 1Co 6.18).

Como podemos pôr este conselho em prática? Mostre sua fidelidade à esposa cultivando padrões de conduta elevados no que diz respeito a outras mulheres. Sempre olhe nos olhos de outras mulheres — e não seu o corpo — ao conversar com elas. Evite ficar sozinho por muito tempo com "terceiras". Use discrição ao dar caronas. Procure aconselhar moças somente com a presença de sua esposa. A seguir, mais algumas sugestões:

1. Não permitir ser dessensibilizado ao pecado sexual: quando assistimos dia após dia a todo tipo de promoção de fornicação, adultério, traição e outras formas de imoralidade nas conversas, nos filmes e na *internet*, aproximamo-nos da tentação.
2. Desviar os olhos. Precisamos fazer a mesma aliança que Jó fez e tomar um voto de não cobiçar através do segundo olhar.
3. Fugir de situações que comprometam a integridade moral. *fugir!*
4. Não jogar indiretas, charme, ou ser provocante no seu comportamento e traje.
5. Ter uma ou mais pessoas a quem prestar contas nesta área.
6. Manter um relacionamento de intimidade sexual com seu cônjuge (Pv 5.15-19).

## 19. A fome do justo

> O Senhor não deixa ter fome o justo,
> mas rechaça [repele] a avidez dos perversos.
> Provérbios 10.3

Você já parou para pensar quantas refeições Deus já lhe deu ao longo da sua vida? Se você tem 30 anos de idade e come em média três refeições por dia, você já comeu 32.850 vezes! Quantas vezes faltou pão na sua mesa?

Já pensou nas pessoas que Deus tem usado para saciar a sua fome? Quantas vezes você já agradeceu à sua esposa, à sua mãe (ou pai) pelas refeições que prepararam para você ao longo da sua vida? Por ser algo tão corriqueiro, tendemos a passar por cima desse sacrifício de amor, como se fosse um direito adquirido.

Provavelmente você já agradeceu a Deus muitas vezes antes de tomar uma refeição, mas quantas vezes fez isso "da boca pra fora" — sem realmente apreciar e valorizar a provisão divina em sua vida? Que tal agradecer, hoje mesmo, à sua esposa por tanto esforço, tantas horas, tanto carinho que ela tem demonstrado no preparo de refeições saudáveis, atraentes e deliciosas para você e sua família? Que tal saírem juntos para um restaurante — sem nenhuma outra razão, a não ser honrá-la por esse esforço?

## 20. Dia da Trabalhadora

*O que trabalha com mão remissa empobrece,
mas a mão dos diligentes vem a enriquecer-se.*
Provérbios 10.4

*Mulher virtuosa, quem a achará?* [...]
*O coração do seu marido confia nela,
e não haverá falta de ganho.
Ela lhe faz bem e não mal, todos os dias da sua vida.
Busca lã e linho e de bom grado trabalha com as mãos.* [...]
*cinge os lombos de força,
e fortalece os braços.
Ela percebe que o seu ganho é bom;
a sua lâmpada não se apaga de noite.*
Provérbios 31.10a,11-13,17,18

Diligência no serviço é uma das qualidades mais destacadas da *mulher virtuosa* (Pv 31.10-31). Mesmo que o trabalho dela seja centrado no lar, a mulher virtuosa traz muitos benefícios econômicos para sua família e principalmente para seu marido. Por causa dela, não há *falta de ganho* em sua casa (31.11). Veja os benefícios econômicos que ela traz:

- Seu valor excede o de finas joias (v. 10,11).
- Trabalha diligentemente com as mãos (v. 13,18,27).
- Economiza nas compras (v. 14).
- Vigia a sua casa (mordomia) (v. 15,27).
- Investe para gerar lucro (v. 16).
- Faz compras com discernimento (v. 16).
- Compadece-se dos pobres (v. 20).
- Faz projetos manuais (v. 21,22).
- Produz bens em casa para venda (v. 24).

Sua esposa é trabalhadora? Dedica-se ao serviço do lar para proporcionar um refúgio para você e sua família? Levanta cedo para estar pronta para enfrentar o dia? Cuida de você e de seus filhos com carinho? Ainda consegue fazer economias e trazer recursos para abençoar a família financeiramente?

Que tal honrá-la com uma refeição surpresa que você chamará de "o Dia da Trabalhadora"? De preferência, faça isso numa época do ano em que não haja outras comemorações ou feriados. Prepare a refeição predileta dela ou leve-a para o restaurante preferido. Se tiver filhos, peça que as crianças preparem encenações, façam poesias ou desenvolvam outras formas de honrar o trabalho da mamãe. Entreguem um cartão de agradecimento assinado por todos, façam massagem nas costas e no pescoço dela e encomendem uma sobremesa especial neste dia de celebração.

## 21. Poupando para o futuro

*O que ajunta no verão é filho sábio,
mas o que dorme na sega é filho que envergonha.*
Provérbios 10.5

*Vai ter com a formiga, ó preguiçoso,
considera os seus caminhos e sê sábio.
Não tendo ela chefe, nem oficial, nem comandante,
no estio, prepara o seu pão,
na sega, ajunta o seu mantimento.*
Provérbios 6.6-8

*Os planos do diligente tendem à abundância,
mas a pressa excessiva, à pobreza.*
Provérbios 21.5

O antídoto para o veneno da dívida não é o pagamento à vista, mas a poupança. Nem todos conseguem e ninguém deve passar vergonha se as circunstâncias da vida impossibilitam isso.

Mas as pesquisas mostram que, na maioria dos casos, não é adversidade, e sim indisciplina e avareza que levam as pessoas a endividar-se, e não fazer uma poupança.

Muitos homens não planejam para o futuro do seu lar. Esquecem-se de que acidentes e outros imprevistos acontecem com todos. Muitos também vivem na expectativa de milagres — uma herança familiar, um bônus inesperado, uma comissão espetacular. Pode ser que, de vez em quando, um milagre aconteça, mas o maior milagre talvez seja um planejamento cuidadoso que culmina na realização dos sonhos.

Conselheiros bíblicos podem ajudar o casal a estabelecer um orçamento realista que facilite esse planejamento. Mas também exigirá a disciplina e diligência da formiga.

O marido que quer papariciar sua esposa planeja para surpresas no futuro e poupa dinheiro para amanhã. Celebrações especiais, principalmente de aniversários de casamento, criam memórias para todo o sempre. Mas muitas vezes são caras. Pense na possibilidade de uma poupança especial, só para vocês dois, onde possam guardar suas "migalhas", que um dia podem se juntar em um "bolo" — talvez uma viagem especial, uma compra grande ou uma segunda lua de mel.

## 22. A memória do justo

*A memória do justo é abençoada,
mas o nome dos perversos cai em podridão.*
Provérbios 10.7

[O homem que teme a Deus]
*... será tido em memória eterna.* [...]
*a sua justiça permanece para sempre...*
Salmo 112.6b,9b

Nas Escrituras, ter seu nome preservado está entre as maiores honras. Para nós, a maior bênção consiste em ter nosso *nome* escrito no livro da vida (Hb 6.10; Mc 9.41; 1Co 15.58).

Por outro lado, morrer no anonimato nas Escrituras significa perder seu nome e ser esquecido, como no caso da esposa de Ló, a esposa de Jó e o homem rico (em contraste com o pobre Lázaro, cujo nome é registrado — Lc 16.19ss).

O homem que teme a Deus deixa uma lembrança perpétua para a glória de Deus. O Salmo 112 destaca essa ideia três vezes:

- *A sua justiça permanece para sempre* (v. 3b).
- *Será tido em memória eterna* (v. 6b).
- *A sua justiça permanece para sempre* (v. 9b).

Como marido e pai, você transmite os valores e princípios que adquiriu ao longo da vida para seus descendentes? Tem se preocupado em preservar a memória familiar da sua esposa?

Para preservar a *memória do justo* junto com sua esposa, contem as histórias dos seus antepassados em algumas refeições familiares. Se vocês não têm acesso às histórias do passado, contem aos filhos e netos seu testemunho de como Deus transformou a vida de vocês, e as evidências da fidelidade de Deus que vocês têm visto ao longo do tempo.

## 23. Mananciais de vida

*A boca do justo é manancial de vida,
mas na boca dos perversos mora a violência.*
Provérbios 10.11

*Cada um se farta de bem pelo fruto da sua boca,
e o que as mãos do homem fizerem ser-lhe-á retribuído.*
Provérbios 12.14

As nossas palavras podem ser uma fonte de juventude ou uma picada venenosa; um manancial de vida ou um golpe mortal. Não somente transmitimos vida para outras pessoas pelo que dizemos, mas também colhemos os frutos doces ou amargos da nossa boca. Nossas palavras têm um "efeito bumerangue" — acabam voltando para nos abençoar ou amaldiçoar.

O apóstolo Paulo reconheceu o poder das palavras de transmitir graça ou desgraça: *Não saia da vossa boca nenhuma palavra torpe, e sim unicamente a que for boa para edificação, conforme a necessidade, e, assim, transmita graça aos que ouvem* (Ef 4.29).

Suas palavras rejuvenescem sua esposa? Que tal procurar uma qualidade que você sinceramente admira nela e falar isso de tantas formas diferentes quanto possível em um dia (*e-mail*, *WhatsApp*, ligação, *Telegram*, bilhete escrito, *Skype*, recado na caixa postal etc.)?

Quer mais? Que tal surpreender sua esposa não somente com palavras suaves (o fruto da sua boca), mas também com uma cesta de frutas representando seu amor? Junte em uma cesta as frutas que ela mais gosta, com balas, bombons, nozes e outros doces e salgados. Embrulhe em papel celofane e prenda tudo com fita adesiva. Escreva um cartão que manifeste seu agradecimento pela vida dela.

## 24. O sábio silencioso

*No muito falar não falta transgressão,
mas o que modera os lábios é prudente.*
Provérbios 10.19

*Até o estulto, quando se cala, é tido por sábio,
e o que cerra os lábios, por sábio.*
Provérbios 17.28

Um colega tem uma placa em seu escritório que diz: "Não perca a oportunidade de fechar sua boca". Ótimo conselho!

Certa vez um erudito observou que "homens sábios falam porque têm algo a dizer; tolos, porque gostariam de dizer algo". Em outras palavras, é melhor fechar sua boca e ser considerado um tolo, do que abri-la e tirar toda dúvida!

Quando você for tentado a discutir, defender-se ou falar fora de hora, é melhor fechar a boca e abrir os ouvidos. E, para ser mais sábio ainda, olhe para sua esposa enquanto ela está falando. Faça perguntas inteligentes que mostrem que você a ouviu e está interessado no que ela diz. Não ofereça soluções para todo problema que ela apresenta, sem antes realmente ouvir e descobrir se ela quer ajuda ou simpatia.

Resumindo: Não perca a oportunidade de fechar sua boca.

## 25. Depoimentos de honra

*A mulher graciosa alcança honra,
como os poderosos adquirem riqueza.*
Provérbios 11.16

*O que acha uma esposa acha o bem
e alcançou a benevolência do Senhor.*
Provérbios 18.22

*A casa e os bens vêm como herança dos pais;
mas do Senhor, a esposa prudente.*
Provérbios 19.14

Depois da sua salvação, o maior presente que Deus já lhe deu é a sua esposa. Você não a merece; ela é fruto da benevolência do Senhor em sua vida. Deus a considera como uma herança que Ele mesmo lhe concedeu — muito melhor que a casa e os bens que pode receber como herança dos pais.

Poucos homens valorizam a esposa dessa forma. Com o passar do tempo, fica fácil esquecer o encanto dos primeiros anos do relacionamento e a gratidão que sentimos por essa dádiva divina. Mas nunca é tarde demais para expressar nossa gratidão a Deus pela esposa que temos. Sempre é apropriado manifestar essa gratidão diretamente a ela pela diferença que tem feito em nossa vida.

Você já escreveu uma mensagem para sua esposa contando-lhe como tem sido abençoado por Deus por tê-la ao seu lado? Que tal escrever hoje uma carta assim e enviá-la pelo correio?

Pense na possibilidade de dar um presente que honre sua esposa, gravando depoimentos de vários amigos e parentes. Pode gravar em áudio, vídeo ou outro formato algumas declarações de apreciação pelo caráter dela. Pode registrar tudo em um álbum de recordações de forma digital. Não se esqueça das suas próprias palavras de agradecimento e honra.

Outra maneira de honrar sua esposa é planejar um aniversário que siga algum tema, como, por exemplo, "Mulher virtuosa"; "Esta é a sua vida"; "*Show* da mamãe". Prepare algumas atividades especiais coerentes com o tema e envolva amigas, filhos ou parentes no planejamento, sempre focalizando maneiras de honrar a convidada especial.

Tudo isso será uma lembrança duradoura e riqueza preciosa.

## 26. Rainha por um dia

> A mulher virtuosa é a coroa do seu marido,
> mas a que procede vergonhosamente
> é como podridão nos seus ossos.
>
> Provérbios 12.4

Deus concedeu à mulher um poder incrível de embelezar e fortalecer a vida do seu marido. Ela foi criada para ser uma *auxiliadora* da parte do próprio Deus para complementá-lo, socorrê-lo e servir de refúgio para ele. Uma mulher de caráter nobre dignifica o marido e o torna conhecido na comunidade e na igreja (veja Pv 31.10-12,23).

Essa mulher é a "coroa" do marido. A "coroa" sinaliza glória, honra e dignidade — uma fonte de "orgulho santo" pela graça de Deus que concedeu uma companheira de caráter tão nobre.

Se a mulher virtuosa é a coroa do marido, que tal tornar sua esposa "rainha por um dia"?

Pode começar o dia colocando em sua cabeça uma coroa preparada por você ou pelos filhos e entregando-lhe um certificado de coroação, prometendo atender (dentro do razoável!) os desejos dela durante o dia. Pode contratar um especialista para pintar o retrato dela, usando uma foto predileta sua. Para terminar o dia, que tal um "banquete de realeza" em um restaurante à escolha dela ou uma refeição "chique" feita em casa? Quem sabe à luz de velas?

## 27. Controlando a ira

*A ira do insensato num instante se conhece, mas o prudente oculta a afronta.*
Provérbios 12.16

*Sem lenha, o fogo se apaga; e, não havendo maldizente, cessa a contenda.*
Provérbios 26.20

*O homem iracundo suscita contendas, mas o longânimo apazigua a luta.*
Provérbios 15.18

Tipicamente, os homens enfrentam duas grandes batalhas na luta por um caráter irrepreensível: cobiça sexual e ira. Tendemos a focar muita atenção na primeira e muito menos na segunda.

Alguns homens podem papariçar a esposa com todas as ideias criativas do mundo e estragar tudo com uma explosão de ira. A sabedoria exige que o marido controle sua ira para não machucar a sua família.

O fruto do Espírito inclui a longanimidade, ou seja, a capacidade de suportar ofensas sem vingar-se. Como os outros frutos, esse só se produz pelo Espírito de Deus, que forma a imagem de Jesus em nossas vidas de forma sobrenatural. Nenhum homem, por si só, será capaz de controlar sua ira por muito tempo sem essa obra de Deus em sua vida.

Que tal pedir a Deus a paciência e a humildade de Jesus para não explodir com sua esposa? Lembre-se de que o relacionamento de vocês é mais importante do que ganhar qualquer discussão.

Em nome da paz, talvez você tenha que engolir em seco seu orgulho, mas não engula sua esposa numa rixa desnecessária.

## 28. A "fofoca" dos sábios

*Alguém há cuja tagarelice é como pontas de espada,
mas a língua dos sábios é medicina.*
Provérbios 12.18

*A língua serena é árvore de vida,
mas a perversa quebranta o espírito.*
Provérbios 15.4

Provérbios fala muito sobre o poder da língua, tanto para edificar como para detonar. Ela contagia com seu veneno mortífero. Fofoca se espalha como fogo em campos secos. Tiago diz: *a língua, pequeno órgão, se gaba de grandes coisas. Vede como uma fagulha põe em brasas tão grande selva! Ora, a língua é fogo; é mundo de iniquidade; a língua [...] não só põe em chamas toda a carreira da existência humana, como também é posta ela mesma em chamas pelo inferno* (Tg 3.5,6).

Muitas vezes, quando homens se juntam para "bater um papo", não demora muito para começarem as piadas e fofocas sobre a esposa de cada um. Que tal quebrar essa corrente? Em vez de compartilhar os defeitos dos outros (todos têm), que tal direcionar a conversa para algo mais positivo?

Você fala bem ou mal da sua esposa para outras pessoas? A melhor forma de elogio é a "fofoca dos sábios" — palavras de elogio faladas para outras pessoas sobre sua esposa. Assim como a fofoca se espalha, mais cedo ou mais tarde essas palavras de elogio chegarão até ela. Compartilhe com alguém hoje o que você admira em sua esposa e veja como a "fofoca dos sábios" edificará seu lar.

## 29. A palavra que alegra

> A ansiedade no coração do homem o abate,
> mas a boa palavra o alegra.
> Provérbios 12.25

> O coração alegre aformoseia o rosto,
> mas com a tristeza do coração o espírito se abate.
> Provérbios 15.13

Segundo dados da Organização Mundial da Saúde (OMS), o Brasil é campeão mundial do chamado "transtorno de ansiedade", com quase 10% da população diagnosticada com esse mal. No mundo, 264 milhões de pessoas manifestam sintomas. Em 2016 a venda de antidepressivos e estabilizadores de humor no Brasil movimentou 3,4 bilhões de reais.[1]

Como você, sua esposa também sofre de diversas preocupações. Ela pode sentir ansiedade sobre as finanças, o emprego, a saúde, o estudo dos filhos, as decisões a tomar, além de questões de ministério na igreja, saúde e bem-estar dos pais e muito mais.

O marido sábio percebe quando sua esposa está aflita. Mas muitas vezes não sabe o que fazer para ajudá-la, especialmente quando ela tenta projetar a impressão de que tudo está sob controle.

Provérbios oferece uma ótima sugestão: uma boa palavra (do marido) para alegrá-la! Que tal surpreendê-la no meio do dia? Dê um simples telefonema ou até mesmo um bilhete escrito: "Eu a amo; estou orando por você; sei que Deus vai lhe dar a vitória!"

Faça a mesma coisa quando você a encontrar depois de um dia longo de serviço. Incentive seus filhos a também agradecer a ela não somente no Dia das Mães, mas em momentos aleatórios ao longo do ano.

---

[1] VIEIRA, Maria Clara; MOTTA, Bruna. *O país dos ansiosos*. Veja, 2 de janeiro de 2019, p. 78-81.

## 30. O guia sábio

> *O justo serve de guia para o seu companheiro,
> mas o caminho dos perversos os faz errar.*
> Provérbios 12.26

O grupo *Sanctus Real* canta uma música chamada *Guia-me* (*Lead me*), em que a esposa clama para seu marido ser o verdadeiro líder do lar:

> Guia-me com mãos fortes
> Levanta-te quando eu não posso
> Não me deixe com fome de amor
> Perseguindo sonhos, mas, e nós?

> Mostra-me que estás disposto a lutar
> Que eu ainda sou o amor da tua vida
> Eu sei que chamamos este nosso lar
> Mas ainda me sinto sozinha.

Esse é o grito do coração de muitas mulheres. Infelizmente, desde a queda da raça humana no jardim do Éden, os homens tendem a ser omissos e passivos. Assim como Adão seguiu a liderança de Eva para o pecado, a tendência natural do homem é de "empurrar com a barriga" sua liderança no lar.

A mulher temente a Deus deseja ser liderada pelo marido. Ela se sente mais segura quando seu marido a guia espiritualmente. Você é um guia espiritual em casa? Ou deixa as coisas acontecerem? Toma a iniciativa pelo exemplo e pelo ensino? Ou fica na retaguarda, deixando a esposa tomar a frente?

Deus chamou homens para serem os verdadeiros líderes do lar. Seja um guia sábio para sua família!

## 31. Projetos terminados

*A mão diligente dominará,
mas a remissa será sujeita a trabalhos forçados.*
Provérbios 12.24

*O preguiçoso não assará a sua caça,
mas o bem precioso do homem é ser ele diligente.*
Provérbios 12.27

*O que trabalha com mão remissa empobrece,
mas a mão dos diligentes vem a enriquecer-se.*
Provérbios 10.4

Você tem a fama de começar muitos projetos, mas não terminá-los? Ou de abraçar o mundo sem poder dar conta de todas as responsabilidades que assumiu?

"Diligência", conforme o dicionário, descreve a virtude de *cuidado, atenção ou dedicação para realizar uma tarefa*. Significa perseguir a excelência pela fidelidade e perseverança. Os medíocres desistem facilmente e não concluem o que começaram. Qualquer um pode começar um projeto; somente os diligentes prosseguem até seu término.

Esta constitui uma irritação para quase todas as mulheres: projetos que o marido inicia com muito boa vontade, mas não termina.

Se você quer papariçar sua esposa, que tal atacar pelo menos *um* desses projetos que você começou, mas não terminou — talvez um conserto feito pela metade, uma arrumação, um "negócio" quase pronto? Veja se sua diligência não transforma o semblante da sua esposa!

## 32. Promessas cumpridas

> *A esperança que se adia faz adoecer o coração,*
> *mas o desejo cumprido é árvore de vida.*
> Provérbios 13.12

> *O desejo que se cumpre agrada a alma,*
> *mas apartar-se do mal é abominável para os insensatos.*
> Provérbios 13.19

Quanto valem as suas palavras? Vivemos dias em que uma verdadeira indústria se levantou para garantir o cumprimento de promessas: cartórios com reconhecimento de firma, autenticação de documentos, certidões, atestados e pagamentos de sinal.

Promessas, compromissos e votos caracterizam a vida humana. O cumprimento da nossa palavra autentica ou desmente nosso caráter. Assumimos compromissos quando nos tornamos membros da igreja, nos oferecemos para servir como voluntários em algum ministério, quando nos casamos e quando apresentamos nossos filhos ao Senhor.

À luz de Provérbios, promessas cumpridas produzem grande alegria, enquanto o voto não realizado é causa de grande tristeza.

Você é um homem de palavra? Tem cumprido os seus votos de casamento? Será que você já fez alguma promessa para sua esposa que ainda não cumpriu? Em vez de adiar a esperança dela mais um pouco, que tal dar passos hoje para honrar a sua palavra? Não consegue se lembrar se fez uma promessa? Pergunte a ela. Mas esteja pronto para ouvir e corrigir qualquer erro.

## 33. Andando com os sábios

*Quem anda com os sábios será sábio,*
*mas o companheiro dos insensatos se tornará mau.*
Provérbios 13.20

*Foge da presença do homem insensato,*
*porque nele não divisarás lábios de conhecimento.*
Provérbios 14.7

*Teme ao Senhor, filho meu, e ao rei*
*e não te associes com os revoltosos.*
*Porque de repente levantará a sua perdição,*
*e a ruína que virá daqueles dois, quem a conhecerá?*
Provérbios 24.21,22

*Como o ferro com o ferro se afia,*
*assim, o homem, ao seu amigo.*
Provérbios 27.17

Seus amigos são pessoas que provocam melhoras em seu caráter? Depois de passar tempo com eles, vocês, como casal, saem melhores ou piores? Suas conversas edificam uns aos outros ou assassinam o caráter de outros? Provocam o desejo de serem mais parecidos com Jesus?

O ditado popular resume o ensino de Provérbios: "Dize-me com quem andas e eu te direi quem és". Nossos companheiros têm um poder formativo em nosso caráter. Podemos escolher amigos-banana, que só sujam a faca da nossa vida, sem promover nenhum bem. Ou podemos escolher amigos de ferro, que afiam nosso caráter e nos desafiam a sermos pessoas melhores, mais parecidas com Cristo.

Como casal, vocês têm companheiros que desafiam suas vidas para o bem?

Que tal fazer uma surpresa para sua esposa, marcando uma saída com outro casal que sempre serve de desafio para a vida de vocês? Marque um passeio ou refeição juntos, só vocês quatro (sem as crianças!). Depois, comente com sua esposa sobre as áreas em que vocês foram motivados e desafiados em sua vida cristã.

## 34. Um legado espiritual

> O homem de bem deixa herança aos filhos de seus filhos,
> mas a riqueza do pecador é depositada para o justo.
> Provérbios 13.22

> No temor do Senhor, tem o homem forte amparo,
> e isso é refúgio para os seus filhos.
> Provérbios 14.26

A ideia de um legado sempre foi forte motivação de vida. Os homens constroem suas lápides com granito, e não papelão! (Veja Sl 49.11-17.) Temos um desejo no fundo do coração de conhecer o Eterno (Ec 3.11) e construir algo duradouro, como diz Moisés no Salmo 90:

> Ensina-nos a contar os nossos dias,
> para que alcancemos coração sábio. [...]
> Seja sobre nós a graça do Senhor, nosso Deus;
> confirma sobre nós as obras das nossas mãos,
> sim, confirma a obra das nossas mãos (Sl 90.12,17).

O homem que anda com o Senhor protege sua família dos males de uma vida ímpia. Esse legado espiritual tem o poder de direcionar os filhos nos caminhos de Deus e serve de "refúgio" ou porto seguro para eles.

Um exemplo clássico desse tipo de legado espiritual está na história do patriarca Jó. Para enfatizar como ele era um *homem íntegro e reto, temente a Deus e que se desviava do mal* (Jó 1.1), o texto destaca seu papel pastoral em sua família: *Decorrido o turno de dias de seus banquetes, chamava Jó a seus filhos e os santificava; levantava-se de madrugada e oferecia holocaustos segundo o número de todos eles, pois dizia: Talvez tenham pecado os meus filhos e blasfemado contra Deus em seu coração. Assim o fazia Jó continuamente* [lit., "todos os dias"] (Jó 1.5).

Como homem, você está deixando um legado de integridade, retidão, temor ao Senhor e fuga do mal? Sua esposa e seus filhos percebem que você busca a Deus pelas disciplinas espirituais (leitura da Palavra, oração, serviço cristão etc.)?

## 35. Edificando a casa

*A mulher sábia edifica a sua casa,*
*mas a insensata, com as próprias mãos, a derriba.*
Provérbios 14.1

*Mulher virtuosa, quem a achará?*
*O seu valor muito excede o de finas joias.*
*O coração do seu marido confia nela,*
*e não haverá falta de ganho.*
*Ela lhe faz bem e não mal,*
*todos os dias da sua vida.*
Provérbios 31.10-12

Você está colaborando para que sua esposa edifique seu lar com sabedoria e na dependência do Senhor? O salmista disse: *Se o Senhor não edificar a casa, em vão trabalham os que a edificam* (Sl 127.1a).

Provavelmente você já testemunhou a destruição desnecessária de um lar por parte de uma pessoa tola. Seja por conta dos vícios, da preguiça, da fofoca ou da murmuração, ela desfaz sua casa tijolo por tijolo. Que tragédia quando a pessoa que Deus fez para ser um fundamento firme para a família acaba sendo como areia movediça em que todos se afundam.

O marido sábio faz de tudo para apoiar a esposa na realização do trabalho principal dela: amar o marido, amar os filhos e ser boa dona de casa (veja Tt 2.4,5). Que tal encorajar a sua esposa a se preparar melhor como esposa e mãe, proporcionando a ela um tempo diário de silêncio, a sós, com a Palavra de Deus? Veja se há condições de ela participar de um estudo bíblico de mulheres, ou fazer uma matéria em um instituto ou seminário bíblico. Verifique que ela tenha tudo de que precisa para construir o lar com os melhores materiais possíveis.

## 36. Acertando as contas

*Os insensatos zombam da própria culpa,*
*mas os justos a reconhecem e buscam reconciliação.*
Provérbios 14.9 (*Nova Versão Transformadora*)

Entre as palavras mais difíceis para o homem pronunciar, estão estas: "Querida, você me perdoa?"

Pedir perdão é diferente de pedir desculpas. "Desculpa" se pede por acidentes em que não havia intenção de pecar. Ocorreu um deslize, ou erro, ou situação fora do nosso controle que afetou negativamente uma outra pessoa. Pedimos para "des-culpar" porque não havia a intenção de machucar, ou seja, não havia culpa.

"Perdão" se pede por pecado. Há culpa que precisa ser perdoada, ou seja, não mais levada em conta. Exige um ato gracioso por parte da pessoa ofendida e humildade por parte do ofensor.

Na família de Deus, pedir perdão por pecado faz parte do processo de restauração, assim como não repetir o erro.

Somente uma pessoa extremamente orgulhosa nunca pede perdão por seus erros aos familiares. Mas o processo de pedir e conceder perdão aprofunda relacionamentos no corpo de Cristo, levando a uma intimidade ímpar que pessoas desculpadas não experimentam.

Os insensatos não querem saber nada disso, porque estão mais preocupados em preservar sua própria imagem e o sentimento de isenção de culpa. Acabam varrendo para debaixo do tapete as situações de conflito e tensão sem nunca resolver o problema a partir da sua raiz.

A próxima vez que você pecar contra sua esposa ou filhos, não hesite em reconhecer seu erro e pedir *perdão*, e não *desculpas*.

## 37. Casa arrumada?

> *Não havendo bois, o celeiro fica limpo,*
> *mas pela força do boi há abundância de colheitas.*
> Provérbios 14.4

Esse versículo enigmático parece dizer que um pouco de sujeira reflete muita atividade e produtividade. Como *A Bíblia Anotada* comenta, "Não é possível ter leite sem pisar-se em algum esterco. O preço do crescimento e da realização é sempre uma certa medida de incômodo" (p. 806).

Quanto ao lar, é possível ter uma casa perfeitamente em ordem — desde que não tenha filhos, nunca receba outras pessoas em casa e não permita que qualquer coisa atrapalhe o *status quo* do lar.

Um "mal" quase inevitável na criação de filhos é a santa bagunça que os acompanha. Não se incomode com um pouco de sujeira; senão, você pode perder parte do prazer e do privilégio de criar seus filhos. Ensine a eles a disciplina de guardar suas coisas, mas não espere um "celeiro" perfeito.

Você pode encorajar sua esposa, tirando um pouco daquela pressão de ter que manter uma casa sempre perfeita, especialmente com filhos pequenos no espaço. Um dia, eles darão *abundância de colheitas* (confira Sl 127.3-5). E que tal você ajudar com a arrumação da casa de vez em quando?

# 38. Homens amargurados

> *O coração conhece a sua própria amargura,*
> *e da sua alegria não participará o estranho.*
> Provérbios 14.10

> *Maridos, amai vossa esposa e não a trateis com amargura.*
> Colossenses 3.19

O que cada uma destas situações tem em comum?

- Um marido recusa-se a falar com a esposa por dois dias depois de uma discussão.
- Um senhor de idade não consegue perdoar a esposa por uma traição cometida anos antes.
- Um marido normalmente passivo e quieto de repente explode depois que sua esposa mais uma vez o humilha publicamente.
- Um divorciado contamina os filhos com histórias sobre a ex-esposa e mãe deles.
- Um homem recém-casado se ressente das novas responsabilidades que tem como marido e da restrição da sua liberdade.
- Um homem de negócios não procura sua esposa há muito tempo, pois encontra mais satisfação na pornografia do que com ela, que sempre se mostrou relutante na relação conjugal...

Em cada caso, o problema é *amargura*. As ervas daninhas de rixas, contendas e ressentimentos do passado que nunca foram arrancadas acabam estrangulando a vida do casamento.

Qualquer pessoa que já trabalhou com conflitos conjugais identifica esse como um dos problemas mais comuns entre casais, e talvez a principal causa de divórcio e separação. *A falta de perdão no casamento leva à sua destruição.*

Não existe uma família perfeita! Somos pessoas imperfeitas e pecadoras morando debaixo do mesmo teto. À luz dessa realidade, sempre haverá atritos e conflitos na família. A pergunta é: Como lidaremos com esses conflitos?

O único remédio para mágoas no coração é o amor de Cristo estendendo perdão. Jesus claramente ensinou esse princípio no sermão do monte, quando nos ensinou a orar dizendo: *... perdoa-nos as nossas dívidas, assim como nós temos perdoado aos nossos devedores* (Mt 6.12). Ele deu uma ilustração fantástica em Mateus 18 quando contou a história do servo não perdoador, que se recusou a perdoar o conservo mesmo depois de ser perdoado por uma dívida que, hoje, seria avaliada em *bilhões* de reais. Mas ele não foi capaz de perdoar uma dívida significativa, mas infinitamente menor, do seu colega (Mt 18.21-35). A pessoa que não reconhece tamanha dívida que lhe foi perdoada em Cristo Jesus não consegue perdoar aos outros.

## 39. Inveja

*O ânimo sereno é a vida do corpo,
mas a inveja é a podridão dos ossos.*
Provérbios 14.30

*... o amor não arde em ciúmes...*
1Coríntios 13.4

Alguns maridos, talvez sem querer, acabam distanciando a esposa por serem tão possessivos, cobiçosos, avarentos e invejosos que não dão espaço nem tempo para ela respirar. Verifique se sua esposa está sendo sufocada por atitudes suas semelhantes a estas, e dê passos para libertá-la (e a você também) dessa gaiola.

A expressão *não arde em ciúmes* em 1Coríntios literalmente diz: "não é zeloso por si mesmo". Em outras palavras, o amor bíblico é zeloso pelo bem do outro, confia no outro, deseja o maior proveito e tem interesse em promover o bem do outro, e não o seu!

Todos nós lutamos com o amor-próprio. Amamos tanto a nós mesmos que fazemos tudo para conquistar o que é bom para nós. Mas o amor bíblico é diferente. A essência do amor bíblico, como já vimos, é o "outrocentrismo" que caracteriza a vida de Cristo. O amor é 100% altruísta.

Há inúmeras aplicações desse princípio de não sermos zelosos por nós mesmos, pela nossa reputação, os supostos "direitos" que temos, inclusive o "direito" de ganhar uma discussão. No relacionamento conjugal, o amor se recusa a insistir nos seus direitos porque está sempre zelando pelos direitos do outro. Esse outrocentrismo se aplica na vida sexual, no uso do dinheiro, na escolha de programas a que vão assistir, do restaurante onde vão comer e da praia onde vão passar férias. Não significa ser "capacho", mas, sim, abrir mão de seus direitos em favor de outros.

## 40. A resposta branda

*A resposta branda desvia o furor,*
*mas a palavra dura suscita a ira.*
Provérbios 15.1

*O homem iracundo suscita contendas,*
*mas o longânimo apazigua a luta.*
Provérbios 15.18

Em vez de jogar combustível no fogo, a pessoa sábia consegue amenizar possíveis conflitos com palavras edificantes. Isso não significa fugir de conflitos necessários, manipular ou bajular, mas, sim, jogar água fria sobre as faíscas de tensão.

Não é macho aquele que maltrata pessoas mais fracas do que ele. Cuidado com a violência, seja um homem de verdade — não oprimindo sua esposa, mas dominando seu próprio espírito. Em vez de responder com palavras duras, engula forte e experimente usar palavras suaves, humildes e gratas... veja como as rixas desaparecem!

O apóstolo Paulo ainda pede mais: Em vez de palavras podres, pede palavras de "graça", ou seja, do favor *não merecido* de Deus: *Não saia da vossa boca nenhuma palavra torpe, e sim unicamente a que for boa para edificação, conforme a necessidade, e, assim, transmita graça aos que ouvem* (Ef 4.29). Por você mesmo isso será impossível. Mas a vida transformada pelo Espírito de Deus à imagem de Cristo terá a mesma atitude que Cristo teve diante de insultos e injúrias.

A próxima vez que você se sentir ameaçado ou atacado por sua esposa, clame a Deus pela sabedoria de não responder como talvez ela mereça. Faça uma experiência devolvendo uma palavra humilde e grata e veja se a rixa não desaparece.

## 41. A árvore de vida

*A língua dos sábios adorna o conhecimento,
mas a boca dos insensatos derrama a estultícia.*
Provérbios 15.2

*A língua serena é árvore de vida,
mas a perversa quebranta o espírito.*
Provérbios 15.4

Em honra à sua esposa, plante uma árvore frutífera ou ornamental no seu quintal ou num vaso, ou mesmo um bonsai. Ao plantá-la, chame sua esposa e dedique a árvore a ela com palavras "serenas", dizendo que a árvore servirá como lembrança constante do seu amor e de sua gratidão pela vida dela.

Para "adornar" o dia da sua esposa, que tal deixar um recado para ela na caixa de correio de sua casa, na caixa postal ou no celular? Prepare suas palavras com antecedência e conte como você está grato por tudo que ela significa em sua vida, listando algumas qualidades que você admira nela.

# 42. Alegria no lar

*O coração alegre aformoseia o rosto,*
*mas com a tristeza do coração o espírito se abate.*
Provérbios 15.13

*Homem recém-casado não sairá à guerra,*
*nem se lhe imporá qualquer encargo;*
*por um ano ficará livre em casa*
*e promoverá felicidade à mulher que tomou.*
Deuteronômio 24.5

O marido sábio trabalha para alegrar a esposa. Dizem que uma esposa triste é a maior vergonha para o marido. Nem sempre o marido deve ser culpado pela tristeza da mulher, mas a felicidade dela faz parte da descrição de tarefas do líder do lar.

Deus quer que o lar seja um lugar de tranquilidade, paz e alegria. O texto de Deuteronômio 24 *é inesperado e parece um pouco estranho*, pois encontra-se no contexto do divórcio e recasamento (Dt 24.1-4). Mas oferece conselho prático sobre como evitar o divórcio pelo estabelecimento de fundamentos sólidos para o futuro durante o primeiro ano de casamento.

Os recém-casados não deveriam sair para a guerra ou envolver-se em *qualquer encargo*, ou seja, assumir responsabilidades na comunidade que poderiam afastar o homem do seu novo lar, a ponto de desfocar sua atenção da esposa. Um ano dedicado ao estabelecimento de um fundamento sólido para seu lar lhe daria maiores chances de um casamento duradouro.

Um dos melhores remédios contra o fracasso de um casamento é um alicerce de felicidade conjugal estabelecido no primeiro ano de casados e mantido depois disso. O ativismo e a avareza são inimigos da tranquilidade no lar (Sl 127.1,2). Tanto o homem quanto a mulher precisam verificar se estão sendo seduzidos pelo deus do dinheiro, sucesso, realização pessoal e fama, a custo do próprio casamento.

Você separa tempo só para alegrar o coração de sua esposa? Às vezes, isso exige sacrifício — como desistir daquele jogo de futebol ou corrida de Fórmula 1 para levá-la ao *shopping* ou outro lugar de que ela goste. Se os recursos forem poucos, que tal uma saída simples, mas divertida, em que cada um receberá certo valor predeterminado (digamos, R$20) para comprar algo que agrade ao outro? Pode ser um sorvete, uma flor, chicletes ou chocolate, um CD ou um livro.

## 43. Pouco com o temor do Senhor

> *Melhor é o pouco, havendo o temor do* Senhor,
> *do que grande tesouro onde há inquietação.*
> Provérbios 15.16

> *Melhor é o pouco, havendo justiça,*
> *do que grandes rendimentos com injustiça.*
> Provérbios 16.8

Descontentamento e murmuração muitas vezes brotam da raiz de avareza e cobiça. Em vez de curtirmos o que temos, reclamamos pelo que não temos e desperdiçamos a oportunidade de viver com alegria hoje.

Paulo falou para Timóteo: *grande fonte de lucro é a piedade com o contentamento. Porque nada temos trazido para o mundo, nem coisa alguma podemos levar dele. Tendo sustento e com que nos vestir, estejamos contentes* (1Tm 6.6-8).

Você tem exalado o bom perfume de uma vida contente? Enxerga o copo metade cheio ou metade vazio? Tem exibido um espírito de gratidão ou de murmuração? Como isso tem afetado a sua família? O veneno de ingratidão se espalha rapidamente. Melhor neutralizá-lo com o antídoto de alegria e ações de graça.

Mesmo que sua família não tenha muitos bens materiais, um estilo de vida de alegria pode caracterizar suas atitudes. Há muitas atividades que vocês podem curtir juntos, com pouco ou nenhum gasto. Celebrem sua amizade e a paz em seu lar com um destes programas:

- Assistir ao pôr do sol;
- caminhar em um parque ou ao redor de um lago;
- assistir a um filme romântico (sem as crianças);
- jogar *video game*, jogos de computador ou de tabuleiro juntos;
- tomar um cafezinho enquanto escutam algumas músicas prediletas;

- servir a alguém menos abençoado que vocês;
- começar uma pequena horta ou jardim;
- fazer um brinquedo com seu filho como você fazia na sua infância.

## 44. Um prato de paz

*Melhor é um prato de hortaliças onde há amor
do que o boi cevado e, com ele, o ódio.*
Provérbios 15.17

*Melhor é um bocado seco e tranquilidade
do que a casa farta de carnes e contendas.*
Provérbios 17.1

O ano era 1938. O mês, setembro. O primeiro-ministro Chamberlain, da Inglaterra, estava recém-chegado da Alemanha, onde realizara conferências com o líder daquele país. Mal conseguia se conter antes de dar a notícia pela rádio BBC: "Paz em nosso tempo! Paz com honra!"

Quase exatamente um ano depois, Adolf Hitler invadiu a Polônia, a Inglaterra declarou guerra, e nos sete anos seguintes a Europa e o mundo inteiro experimentaram a Segunda Guerra Mundial. Se aprendemos uma lição, é que a paz humana é instável, inconstante e imprevisível.

A falta de paz entre os homens é uma constante na história do mundo. A ausência de paz com Deus é uma marca na história espiritual de cada indivíduo. Sem Cristo Jesus, não existe paz entre Deus e o homem; por isso, não há paz entre homens e não há paz no "homem interior". Como Agostinho declarou, "Tu nos fizeste para ti, e nosso coração não descansa até que repouse em ti".

A paz é fruto do Espírito Santo e deve reinar no lar verdadeiramente cristão. Você tem sido uma fonte de paz ou de contendas em seu lar?

Procure incentivar a paz em seu lar: ao redor da mesa nas refeições, durante viagens ou em outras ocasiões em que a família estiver reunida. Junto com sua esposa, estabeleçam algumas regras familiares que promovam a paz. Não permita que briguinhas, o "dedo-duro" ou outras irritações roubem de vocês esse tempo precioso e raro como família. Como líder do lar, promova discussões saudáveis, faça perguntas aos membros da família sobre seu dia, encoraje-os com incentivos sobre seus estudos, esportes, vida social e atividades na igreja.

E mais: Ainda melhor do que um prato de hortaliças é um café servido à esposa na cama, junto com um cartãozinho com votos de alegria e muitos anos de vida juntos. Que tal levantar mais cedo um dia esta semana e oferecer esse café especial para o seu amor?

## 45. Perdoar é esquecer?

*O homem iracundo suscita contendas,
mas o longânimo apazigua a luta.*
Provérbios 15.18

*O amor [...] não se ressente do mal.*
1Coríntios 13.4,5

*Quanto dista o Oriente do Ocidente,
assim afasta de nós as nossas transgressões.*
Salmo 103.12

Você já ouviu a expressão "perdoar é esquecer"? Talvez seja um pouco enganosa. Podemos escolher perdoar, mas apagar totalmente da nossa mente (esquecer) é outra coisa.

Mas não é isso que Deus faz? Hebreus 8.12 (citando Jr 31.31-34; veja também Hb 10.17) diz que Deus jamais se lembrará dos nossos pecados por causa da nova aliança selada conosco pelo sangue de Jesus. Como pode um Deus onisciente esquecer dos pecados?

A resposta está no Salmo 103. Deus não deixa de ser onisciente e nós não ficamos com Alzheimer quando se trata do pecado de outros. O salmista explica: [Deus] *não nos trata segundo os nossos pecados, nem nos retribui consoante as nossas iniquidades* (Sl 103.10). Ou seja, quando perdoamos, também "esquecemos" no sentido de não tratar a pessoa conforme seu pecado merece. Trata-se de uma decisão de "não levar mais em conta" a ofensa do outro.

Como esse atributo divino se torna imprescindível no casamento cristão! Sempre vamos machucar um ao outro — algo inevitável quando mais de um pecador se reúnem no mesmo lugar. Nessas horas, precisamos tomar as difíceis decisões de perdoar e pedir perdão.

Assim como o marido deve *decidir perdoar* sua esposa, também deve decidir *não levar em conta* a ofensa. É como uma cicatriz:

embora possamos vê-la em nosso corpo, já não sentimos mais a dor como no momento do corte. Marido, nunca "jogue na cara" da sua esposa um assunto passado e já perdoado. Tome a decisão de não tratar sua esposa conforme você julga que ela merece.

## 46. A palavra a seu tempo

> *O homem se alegra em dar resposta adequada,*
> *e a palavra, a seu tempo, quão boa é!*
> Provérbios 15.23

Saber quando falar e o que falar é uma arte e uma ciência. O marido sábio estuda a sua esposa o suficiente para saber quando deve escutar, quando deve falar, quando deve oferecer soluções e quando deve simplesmente simpatizar com a esposa.

O marido não pode esquecer de datas importantes na vida familiar. Se você tem dificuldade em lembrar de datas especiais, como aniversários de nascimento, casamento, noivado etc., invista um tempo criando algum mecanismo de alerta para lembrá-lo. Há inúmeros aplicativos e ferramentas digitais que fazem isso de graça. Você nunca mais esquecerá de dar uma palavra oportuna na hora certa.

Falando em palavras oportunas, se você tem algum dom poético, que tal adaptar uma música que sua esposa gosta, trocando as palavras originais por uma letra romântica em que você descreva o caráter e o valor que ela tem para você? Também pode planejar um telefonema ou uma mensagem no celular quando ela estiver fora de casa. Que tal escrever bilhetes carinhosos para sua esposa e escondê-los entre suas roupas ou na mala antes de uma viagem? Ela amará a surpresa quando viajar!

## 47. Vida íntegra

> *O que é ávido por lucro desonesto transtorna a sua casa, mas o que odeia o suborno, esse viverá.*
> Provérbios 15.27

> *O justo anda na sua integridade;*
> *felizes lhe são os filhos depois dele.*
> Provérbios 20.7

O homem íntegro abençoa toda a sua família. O corrupto acaba complicando a vida de todos.

Certa feita, o dono de uma firma de café que havia passado de pai para filho por quase cem anos temia que todo o negócio morresse em suas mãos. Isso pelo fato de que, como cristão, ele procurava pagar *todos* os impostos e obedecer a todas as leis de mercado. Mas, com a baixa do preço do café, parecia que ele não teria uma firma para passar para seu filho. Não imaginava que sua integridade custaria tão caro!

Por isso ele orava — manhã, tarde e noite. E, justamente quando parecia que teria de fechar as portas, Deus respondeu. Por causa da depressão no mercado de café, o governo decidiu subsidiar os produtores de café com base no valor de impostos pagos nos anos anteriores! Enquanto seus concorrentes maiores, mas menos íntegros, recebiam migalhas, a firma dele recebeu subsídios suficientes não somente para passar a crise, mas até mesmo para expandir o seu mercado! No fim, a integridade dele salvou a firma familiar. E, muito acima disso, deixou um exemplo de fidelidade a ser seguido pelos filhos — seu verdadeiro legado.

Você é um homem de caráter? Dizem que caráter é o que somos no escuro, quando (achamos que) ninguém nos vê. Quem é você no anonimato? Quando está longe de casa? No trânsito, atrás do insulfilme do carro? Nos negócios, quando ninguém da igreja está por perto? Na hora de preencher sua declaração de renda? Em casa, quando a máscara cai e você é quem é?

Esse é o legado mais precioso do homem justo. Felizes são seus filhos depois dele.

## 48. Meditando a resposta

*O coração do justo medita o que há de responder, mas a boca dos perversos transborda maldades.*
Provérbios 15.28

Shakespeare comentou: "Quando palavras são raras, não são gastas em vão". Um ditado filipino aconselha: "Na boca fechada, não entra mosca". Os árabes oferecem esta joia de sabedoria: "Tome cuidado que sua língua não corte seu pescoço".

Precisamos reconhecer o poder das palavras e, pela graça de Deus, começar a domá-las e canalizá-las para serem instrumentos úteis nas mãos do Senhor. De todos os lugares onde esse conselho é sadio, nenhum é mais importante que o lar e o relacionamento marido-esposa.

Como, então, desativar essa bomba entre nossos lábios? A resposta bíblica é pesar nossas palavras, pensar sobre elas e peneirá-las. Ou seja, falar pouco e falar bem o que falamos.

Por nós mesmos isso será impossível. Somos pecadores por natureza e a tendência natural é fofocar, resmungar, criticar, xingar e blasfemar. Mas foi por isso que Jesus veio a este mundo — para resgatar o homem, inclusive a sua língua.

Para resgatar as nossas palavras, precisamos nos preparar para situações de possível tensão. O caminho de volta para casa depois do serviço pode ser um tempo de preparo emocional e espiritual para enfrentar novos desafios com bom humor, mesmo depois de um dia difícil. Use aquele tempo no trânsito para fazer a transição do mundo dos negócios para o mundo do lar. Quando chegar em casa, estará pronto para ser não só um homem de negócios, mas um bom marido e bom pai.

## 49. O olhar de amigo

*O olhar de amigo alegra ao coração;
as boas-novas fortalecem até os ossos.*
Provérbios 15.30

*O homem perverso mostra dureza no rosto,
mas o reto considera o seu caminho.*
Provérbios 21.29

Você parece que foi batizado em suco de limão com vinagre? Ou que acabou de descer do monte Sinai com as tábuas da lei em suas mãos? Quando você chega em casa, seus filhos têm medo de chegar perto de você? Ou vêm correndo para abraçá-lo? Seu olhar para sua esposa é de carinho ou de reprovação? Você tem um rosto de graça ou de desgraça?

Como já vimos, expressões corporais e faciais fazem transparecer nosso coração. Por isso, guardamos o coração primeiro para transformar o rosto (Pv 4.23). Mas vale a pena também avaliar o que transmitimos para nossos familiares pelo rosto.

Procure sorrir para sua família, especialmente nos primeiros momentos do dia e depois de chegar em casa. Para isso será necessário tomar um tempo no caminho de volta para casa para mudar de marcha e entrar no ritmo familiar. Prepare seu coração para ter o olhar de um amigo, e não a desgraça de alguém "do contra".

## 50. A repreensão salutar

*Os ouvidos que atendem à repreensão salutar
no meio dos sábios têm a sua morada.*
Provérbios 15.31

*O que encobre as suas transgressões jamais prosperará;
mas o que as confessa e deixa alcançará misericórdia.*
Provérbios 28.13

O homem que não sabe receber críticas condena a si mesmo à estagnação de caráter. Sua esposa pode ser o instrumento principal que Deus colocou em sua vida para seu crescimento.

Uma das características mais marcantes na vida da pessoa sábia é sua capacidade de receber crítica, aproveitando-a para o seu próprio bem. O sábio tem um espírito humilde e ensinável e procura descobrir os pontos cegos na sua vida. Desde cedo, dá ouvidos à instrução e continua durante toda a vida pedindo conselho de pessoas sábias. O resultado é que a pessoa se torna cada vez mais sábia e curte uma vida abundante em todos os sentidos.

Por outro lado, uma das marcas mais evidentes de estultícia em Provérbios é a dureza de coração daquele que não dá ouvidos a conselhos, zomba de críticas que recebe e justifica a si mesmo. O resultado é uma vida estagnada, sem crescimento (pelo contrário, esse tolo vai de mal a pior) e que o leva à morte.

O segredo de uma vida sábia é:

- Ouvir a crítica.
- Valorizar a crítica.
- Mudar com base na crítica.

Você tem sido sábio ao receber críticas, diretas ou indiretas, construtivas ou destrutivas, das pessoas ao seu redor e especialmente do seu cônjuge?

Em vez de partir para o contra-ataque quando for criticado, fique calmo, agradeça, pondere e talvez peça um tempo para ir à presença do Senhor a fim de avaliar a crítica e poder responder como Ele quiser.

Se você brigou com sua esposa recentemente por causa de uma crítica que ela fez, é hora de se retratar. Dê um buquê de flores e um bilhete, agradecendo-lhe pelo investimento em sua vida e pela crítica construtiva que visa a seu crescimento como homem de Deus.

## 51. Humildade e hábitos

> *O temor do* Senhor *é a instrução da sabedoria,*
> *e a humildade precede a honra.*
> Provérbios 15.33

O amor por Deus e pelo próximo andam de mãos dadas. Quem ama a Deus respeita a preciosidade do companheiro e humilha-se o suficiente para mudar o que desagrada aqueles ao seu redor.

O orgulho faz com que desconsideremos as pessoas à nossa volta. Tapamos os ouvidos à instrução e negamos a possibilidade de estarmos errados. Pessoas orgulhosas recusam modificar maus hábitos que desagradam o cônjuge e causam muita tensão entre o casal.

Em uma pesquisa com casais, descobrimos que a questão de como lidar com maus hábitos do cônjuge causava mais conflito conjugal, pelo menos nos primeiros anos de casamento, do que outros assuntos como comunicação, finanças, sexualidade e papéis!

Os maus hábitos causam muita tensão entre os casais. Para haver mudanças, é preciso humildade e muita graça. Infelizmente, muitos maridos não querem mudar. Ser grosseiro, contar piadas indecentes, deixar roupas espalhadas pela casa, ignorar a higiene pessoal, ser inconveniente à mesa, deixar sujeira no banheiro etc. talvez pareçam hábitos inocentes, mas prejudicam os relacionamentos. O amor requer a tentativa de mudar!

Observe a lista a seguir para ver se você poderia substituir maus hábitos por bons para crescer em sabedoria e amor ao próximo (sua esposa!).

- Trocar o papel higiênico;
- repor água, leite ou suco em vez de guardar a jarra quase vazia na geladeira;
- colocar as roupas sujas no lugar apropriado;
- levar o lixo para fora;
- limpar a pia depois de fazer a barba;

- ajudar a pôr as crianças para dormir e/ou levantar para cuidar de uma criança no meio da noite;
- encher o tanque do carro para que a esposa não tenha que fazê-lo;
- sugerir uma visita à casa dos seus sogros;
- avisar quando for chegar atrasado;
- tratar o ronco;
- não enviar sua esposa para fazer compras em lojas/oficinas onde ela se sinta desconfortável;
- ter disposição de perguntar "Em que posso ajudar?", em vez de servir como você quer;
- *Ouvir* sobre coisas que interessam o outro;
- abrir mão do controle remoto ou do *seu* programa predileto a favor do programa de outros;
- deixar outra pessoa entrar no banheiro antes de você; não tomar banhos muito demorados quando outros esperam;
- deixar a melhor poltrona para outra pessoa usar;
- lembrar de aniversários e outras datas especiais.

## 52. A resposta do Senhor

> O coração do homem pode fazer planos,
> mas a resposta certa dos lábios vem do SENHOR.
> Provérbios 16.1

> O coração do homem traça o seu caminho,
> mas o SENHOR lhe dirige os passos.
> Provérbios 16.9

É muito bom fazer planos como casal. Mas sempre temos que lembrar que Deus tem um plano para os nossos dias. Por isso Tiago diz: *Prestem atenção, vocês que dizem: "Hoje ou amanhã iremos a determinada cidade e ficaremos lá um ano. Negociaremos ali e teremos lucro". Como sabem o que será de sua vida amanhã? A vida é como a névoa ao amanhecer: aparece por um pouco e logo se dissipa. O que devem dizer é: "Se o Senhor quiser, viveremos e faremos isso ou aquilo"* (Tg 4.13-15 — Nova Versão Transformadora).

Devemos buscar o Senhor não para carimbar nossos projetos, mas para descobrir a vontade dEle para nós. A melhor maneira de fazer isto é através da oração conjugal. Marido e esposa devem buscar a Deus juntos para tomar suas decisões, e não depender de sua própria sabedoria.

Um outro exercício que pode ajudar a família a observar o desenrolar do plano de Deus é uma cápsula do tempo preparada anualmente. Junto com sua esposa e filhos, preparem a cápsula em que vocês depositarão anotações resumindo alguns sonhos, projetos e planos que têm para os próximos anos. Incluam moedas e manchetes do ano e guardem ou enterrem a "cápsula" num lugar de fácil acesso, para ser aberta depois de um tempo estipulado. Vejam que respostas o Senhor deu a vocês ao longo desse tempo e observem a fidelidade dEle em sua família.

## 53. Soberba e ruína

> A soberba precede a ruína,
> e a altivez do espírito, a queda.
>
> Provérbios 16.18

> Em vindo a soberba, sobrevém a desonra,
> mas com os humildes está a sabedoria.
>
> Provérbios 11.2

A soberba no casamento se revela de muitas maneiras: pensar sempre em si mesmo primeiro; falar (sem cessar) dos seus próprios sonhos, ideais e projetos; sempre reservar o maior e melhor pedaço (de *pizza*, sobremesa, carne etc.) para si; nunca admitir que errou; nunca pedir perdão; tomar posse do controle remoto da TV; demorar para se arrumar no banheiro, sem considerar as necessidades dos outros.

A soberba procura sempre mostrar que tem razão, custe o que custar. Mesmo que signifique prejudicar o andamento do lar, o soberbo só quer ganhar a discussão e nunca cede a ponto de pedir perdão ou admitir que estava errado.

Mas a humildade apazigua disputas por poder no lar. O humilde considera os outros superiores a si mesmo (veja Fp 2.3,4) e promove a paz.

Você quer papariar sua esposa? Considere as opiniões e os pontos de vista dela antes de defender a sua perspectiva. Em vez de se exaltar para afirmar sua posição, considere a possibilidade de o outro ter razão. Esteja atento para descobrir áreas em que você mesmo talvez tenha tido uma atitude arrogante.

## 54. O primeiro amor

> *O sábio de coração é chamado prudente,*
> *e a doçura no falar aumenta o saber.*
> Provérbios 16.21

> *Abomináveis são para o S*ENHOR *os desígnios do mau,*
> *mas as palavras bondosas lhe são aprazíveis.*
> Provérbios 15.26

Infelizmente, para alguns casais a *doçura* no falar é inversamente relacionada ao tempo de casamento.

Você se lembra de como falava com sua esposa durante o período de namoro? No primeiro ano de casamento? Consegue lembrar dos paparicos que praticava como forma de dizer "Eu te amo"?

Quando o Cristo ressurreto confrontou a igreja de Éfeso por ter perdido seu "primeiro amor" por Ele (Ap 2.4), deu-lhe uma fórmula de reconquista do amor que também serve para os casais: *Lembra-te, pois, de onde caíste, arrepende-te e volta à prática das primeiras obras* (Ap 2.5).

- Lembrar de onde caíram;
- arrepender-se;
- voltar à prática das primeiras obras.

Uma excelente receita para o casal depois de alguns anos de casamento!

Procure voltar ao seu "primeiro amor" na doçura do falar e no agir, aumentando as palavras de apreciação, carinho e amor para com sua esposa, evitando palavras grosseiras, mal-educadas ou frias, bem como o reprovável "tratamento de silêncio". Procure lembrar as qualidades de caráter da sua esposa que o atraíram a ela no início do relacionamento. Repita alguns dos gestos que fazia logo cedo na sua amizade: pequenos bilhetes; ligações ou mensagens inesperadas; presentes em datas especiais e comuns; abraços espontâneos.

## 55. A glória da vovó

> *Coroa dos velhos são os filhos dos filhos;*
> *e a glória dos filhos são os pais.*
> Provérbios 17.6

Como já vimos, a "coroa" sinaliza glória, honra e dignidade. É motivo de orgulho santo e alegria. Representa um legado, a possibilidade de estender nossa influência na terra, para a glória de Deus, muito depois de termos passado para nosso lar celestial.

Claro, os netos representam o fruto de anos e anos de investimento nosso, primeiro nos pais deles, depois em suas próprias vidas. Podemos dizer que a verdadeira prova do sucesso do nosso trabalho na educação dos filhos não é tanto a vida deles, mas a vida dos *seus* filhos. Ou seja, sabemos que o discipulado do lar realmente funcionou se nossos discípulos (os filhos) conseguem transmitir a seus filhos (os netos) esse legado espiritual.

Assim como os avós se gloriam na vida dos netos, os filhos recebem honra quando são reconhecidos como filhos (e netos) de pais (e avós) dignos. Certa vez alguém desafiou pais e avós assim: "Seja o tipo de pai que, quando alguém apresentar seu filho como sendo seu filho, ele estufe o peito e não estique a língua".

Que tal separar uma noite para seus filhos e netos entregarem cartões que fizeram para sua esposa (mãe e/ou vovó), agradecendo-lhe pela influência na vida deles? Seria muito bom se fizessem essa homenagem não somente para o Dia das Mães, mas em outras épocas não esperadas ao longo do ano.

O marido sábio também pode providenciar um "memorial" para sua esposa como lembrança de seus filhos e netos. Pode ser um quadro de fotos, um moletom com seus nomes bordados, uma gravação ou até mesmo uma colcha em que cada retalho contenha uma lembrança de um deles.

## 56. O cobertor do amor

*O que encobre a transgressão adquire amor,*
*mas o que traz o assunto à baila separa os maiores amigos.*
Provérbios 17.9

*O ódio excita contendas,*
*mas o amor cobre todas as transgressões.*
Provérbios 10.12

No lar, somos como porcos-espinhos convivendo em uma mesma toca. Infelizmente, às vezes, quando estamos no nosso "lar, doce lar", recebemos alfinetadas dolorosas das pessoas mais próximas.

O que fazer nessas horas? O amor verdadeiro sabe a hora de cobrir as ofensas, de não levar em conta uma palavra mal falada, uma injustiça ocasional, um mal-entendido ou uma ofensa pontual.

O amor (leia-se: "outrocentrismo"), que sempre procura o bem-estar do outro acima do seu, faz com que não nos vinguemos quando somos machucados por aqueles ao nosso redor. O amor serve como cobertor que abafa a ofensa pelo bem do relacionamento.

Nada disso significa fugir do conflito ou deixar de confrontar o pecado quando isso se torna necessário. Mas quando a ofensa não é costumeira, quando foi um deslize que não caracteriza a pessoa e o relacionamento, o amor se prontifica a perdoar sem confrontar.

Você tem guardado mágoas em seu coração contra sua esposa? O amor aprende a não viver em torno dos erros do passado e perdoa. Cubra os erros da sua esposa com a graça de Jesus, revelada na cruz. O amor verdadeiro não é apenas uma emoção. Às vezes, não sentimos a emoção do amor, mas decidimos amar e continuar amando, mesmo quando o mundo nos influencia de maneira diferente. Que tal enterrar, de uma vez, sua falta de perdão? Estenda à sua esposa o mesmo perdão que você primeiro recebeu na cruz de Cristo. Paparique sua esposa tirando os entulhos do seu relacionamento.

## 57. Amor na angústia

*Em todo tempo ama o amigo,
e na angústia se faz o irmão.*
Provérbios 17.17

*Ouvindo, pois, três amigos de Jó todo este mal que lhe sobreviera, chegaram, cada um do seu lugar [...];
e combinaram ir juntamente condoer-se dele e consolá-lo. [...]
Sentaram-se com ele na terra, sete dias e sete noites;
e nenhum lhe dizia palavra alguma,
pois viam que a dor era muito grande.*
Jó 2.11,13

Os amigos de Jó começaram muito bem ao tentar consolá-lo em meio ao seu grande sofrimento. Infelizmente, terminaram mal.

Podemos aprender muito deles sobre como confortar um amigo (ou esposa!) na angústia. Palavras nem sempre ajudam. Abraços sempre são bem-vindos. Apontar "soluções" pode ser um ato cruel quando a pessoa só espera solidariedade. "A miséria ama companhia."

Quando sua esposa estiver passando por alguma crise, seja um amigo de verdade; evite as lições de moral ou as broncas. O que ela mais deseja é um abraço amigo, carinhoso, palavras que confortem e não acusem: "Que pena que aconteceu isso... sinto muito por você, vou orar por este assunto...". Seja um amigo com quem ela possa chorar, e não um professor com quem ela terá "mais uma aula".

Às vezes, a melhor atitude é o silêncio de compaixão e empatia em vez de oferecer soluções para os problemas que sua esposa compartilha.

## 58. Espírito sereno

*Quem retém as palavras possui o conhecimento,
e o sereno de espírito é homem de inteligência.*
Provérbios 17.27

*Maridos, [...] vivei a vida comum do lar,
com discernimento...*
1Pedro 3.7a

O desenvolvimento de intimidade no casamento exige equilíbrio entre o compartilhar o que passa no coração de cada um e o silêncio para ouvir o que o outro tem a dizer. Existe uma linha muito tênue entre ser um homem reflexivo e quieto e ser um homem participante ativo no lar; entre ser um homem introvertido e distante e ser um homem envolvido e presente. Provérbios 18.1 adverte contra esse primeiro tipo de homem: *O solitário busca o seu próprio interesse e insurge-se contra a verdadeira sabedoria.*

Se você é um homem quieto, não use essa sua personalidade como desculpa para fugir da sua esposa e de compartilhar com ela os mais profundos pensamentos do seu coração. Se você tende a dominar conversas, aprenda a aquietar-se e a fazer perguntas para que ela possa compartilhar o que está em seu coração. A intimidade no casamento depende disso.

## 59. Ouvindo com o coração

> *O insensato não tem prazer no entendimento,
> senão em externar o seu interior.*
> Provérbios 18.2

Para fortalecer a amizade conjugal, os autores Gary e Anne Marie Ezzo recomendam o que chamam de "tempo de sofá". Trata-se de um período diário de dez a quinze minutos reservado exclusivamente para o marido e a mulher, em que os dois cultivam seu relacionamento como melhores amigos sem a interferência dos filhos. Nesses momentos, o casal compartilha sobre os eventos do seu dia, acerta questões de agenda e calendário, relata planos, sonhos e mais.

O ideal é que esse tempo aconteça assim que ambos, pai e mãe, se encontram em casa e que os filhos estejam acordados e cientes de que "mamãe e papai estão curtindo seu tempo juntos". Seria difícil calcular o benefício que esse tempo simples e diário tem promovido nas famílias. Além de fortalecer a amizade conjugal e manter os dois atualizados como casal, dá muita segurança para os filhos, pois sabem que mamãe e papai estão bem, sempre na mesma página, com uma frente unida em questões familiares.

Mas, cuidado! Uma forte tendência do coração egoísta faz com que não escutemos o que o outro está dizendo, enquanto ruminamos sobre o que nós mesmos iremos falar.

Você realmente ouve o que sua esposa tem a dizer, ou apenas a tolera enquanto pensa no que você vai falar ou responder? Quando ouvimos com o coração, temos interesse sincero. Devemos ouvir primeiro para depois responder, prestando atenção no que o outro quer dizer. Cultive a disciplina de se concentrar no que a sua esposa está dizendo e evite interrompê-la sem necessidade (Pv 18.13). Seja um homem sábio — ouça com seu coração.

## 60. Amor a distância

> A morte e a vida estão no poder da língua;
> o que bem a utiliza come do seu fruto.
> Provérbios 18.21

Muitos casais passam por períodos curtos ou longos de separação. Às vezes, é por questões de trabalho, às vezes por necessidade de cuidar de um parente idoso ou doente, ou ainda para acompanhar um filho em uma viagem.

O casal deve cuidar para que esse tempo não se prolongue desnecessariamente, criando situações em que a solidão, a separação e a tentação sexual cheguem a níveis perigosos (veja 1Co 7.1-5). O casal sábio mantém o seu relacionamento vivo mesmo a distância.

Há muitas maneiras de fazer isso, especialmente nestes dias de alta tecnologia e mídia social: ligações, mensagens, conversas pelo *Skype* e outras. Mas mensagens pessoais escritas à mão preservam um toque especial que diz "Eu te amo" mesmo a distância. Como afirma o provérbio, têm o poder de transmitir vida e dar fruto no relacionamento.

Escreva bilhetes de amor para sua esposa e os coloque em lugares diferentes, como junto ao celular, na carteira, no porta-luvas do carro, em sua mala, no bolso dos *jeans* ou nos sapatos dela. Suas palavras carinhosas farão com que ela se lembre de como é importante para você.

# 61. Mais chegado que um irmão

*O homem que tem muitos amigos sai perdendo; mas há amigo mais chegado do que um irmão.*
Provérbios 18.24

*O amor [...] tudo suporta.*
1Coríntios 13.4,7

Certa feita observamos uma palmeira linda plantada em um grande *shopping*. A palmeira parecia saudável, verdejante e firme. Mas estava plantada em um canteiro muito raso, cuidadosamente adubada e regada para nunca passar fome ou sede.

Aquela palmeira parecia muito com o que alguns jovens casais de hoje mais almejam — um casamento fácil, em um condomínio tranquilo, e uma vidinha bonançosa.

Mas, dada a escolha, preferimos ser como palmeiras plantadas na praia, enfrentando os ventos adversos, as tempestades perigosas, a maré alta. Nas tempestades da vida, aprofundamos as raízes do nosso amor no solo da graça. Com o tempo, elas se entrelaçam a ponto de se tornar firmes e inabaláveis, bem diferentes da palmeira de *shopping*, que cai com o primeiro vento de adversidade. Acabamos crescendo juntos. Encontramos aquele amigo mais chegado que um irmão.

Todo casamento humano passará por tempestades. Nessas horas, o amor se mostra real, comprometido, perseverante. O amor tudo suporta!

O amor permite que enfrentemos toda e qualquer situação com ânimo e coragem. Se você e sua esposa estiverem passando por tempestades, regozijem-se por poderem passar *juntos* pela provação. Não queira ser palmeira de *shopping*. Aproveite as tempestades para aprofundar ainda mais suas raízes no amor incondicional de Deus. Desfrute da graça imerecida de Deus.

## 62. O amigo que dá presentes

*Ao generoso, muitos o adulam,*
*e todos são amigos do que dá presentes.*
Provérbios 19.6

*O presente que se dá em segredo abate a ira,*
*e a dádiva em sigilo, uma forte indignação.*
Provérbios 21.14

Os dois versículos fazem uma observação sobre a vida: Presentes abrem portas. Em alguns casos (provavelmente o foco em Provérbios), é o suborno que livra pessoas de apertos. Neste caso, é uma observação negativa do que não deve acontecer, mas acontece.

O lado positivo é o fato de que presentes inesperados podem ser uma maneira de apaziguar disputas e promover reconciliação.

O marido sábio entende a hora de demonstrar o fruto do arrependimento por meio de presentes: flores, chocolate, perfume, um convite para jantar fora, uma lembrancinha de viagem que diz "Eu estava pensando em você".

Não use seu presente como desvio de atenção da necessidade de ainda pedir perdão. Mas use-o para demonstrar seu desejo de acertar as contas.

## 63. O cofre do coração

*Muitos propósitos há no coração do homem, mas o desígnio do Senhor permanecerá.*
Provérbios 19.21

*Como águas profundas, são os propósitos do coração do homem, mas o homem de inteligência sabe descobri-los.*
Provérbios 20.5

Casamento implica uma jornada de descobertas ao longo da vida — de gostos, interesses, valores e motivações da outra pessoa. O casal sábio cresce no entendimento mútuo que facilita o processo em que *o ferro com o ferro se afia* (Pv 27.17), ou seja, o aperfeiçoamento mútuo que caracteriza os melhores casamentos.

Para realmente conhecer o coração da esposa, o marido precisa estudá-la, reconhecendo que a vida é dinâmica e a esposa de ontem não é necessariamente a esposa de hoje. Infelizmente, alguns conselheiros até justificam a separação e o divórcio à luz dessas mudanças — alegando que, afinal de contas, a esposa não é mais a mesma pessoa com quem você se casou tantos anos atrás.

Que absurdo! A beleza do casamento está no crescimento mútuo enquanto enfrentam as aventuras da vida!

O desafio para os casados é servir de espelho para o coração do cônjuge, ajudando-o a descobrir as motivações, expectativas, atitudes e intenções que existem no fundo do seu ser. A Palavra de Deus sempre será nossa maior e melhor ferramenta nesse processo (Hb 4.12,13), pois o discernimento dado pela Palavra consegue passar pela fumaça erguida pelo coração enganoso (Jr 17.9) para diagnosticar seus verdadeiros problemas.

Você consegue descobrir os propósitos do coração da sua esposa? Estude-a a ponto de poder descobrir os pensamentos íntimos do seu coração, guardados como joias em um cofre.

Isso exige tempo e dedicação para *ouvir*. Que tal marcar um encontro, só vocês dois, para tomar um cafezinho ou lanchar juntos? Na ocasião, você pode entrevistar sua esposa sobre seus sentimentos, sonhos, anseios e sucessos.

O homem sábio compreende que vale a pena dedicar tempo e ter paciência para descobrir o segredo desse cofre.

## 64. Desviando-se de contendas

> *Honroso é para o homem o desviar-se de contendas,*
> *mas todo insensato se mete em rixas.*
> Provérbios 20.3

> *Como o abrir-se da represa,*
> *assim é o começo da contenda;*
> *desiste, pois, antes que haja rixas.*
> Provérbios 17.14

> *Ora, é necessário que o servo do Senhor não viva*
> *a contender, e sim deve ser brando para com todos,*
> *apto para instruir, paciente.*
> 2Timóteo 2.24

Não há desculpas para contendas e rixas desnecessárias. Não existe respaldo bíblico para nos desculpar do pecado por causa de um dia difícil no serviço, trânsito horrível ou desconfortos físicos e emocionais.

Também há momentos na vida em que ficamos de mau humor só porque queremos ficar de mau humor. É justamente nesses momentos que o filho de Deus precisa do Espírito de Deus para controlar sua língua e fugir de conflitos desnecessários.

A melhor maneira de evitar uma briga com seu cônjuge é não deixar que ela comece. Se for necessário, em nome da paz, você deve engolir em seco e passar por cima do seu orgulho ou de alguma ofensa; mas não "engula" sua esposa numa rixa. Se, por qualquer motivo, você estiver em um daqueles momentos em que tudo parece ruim, no mínimo evite abrir sua boca para não piorar a situação. Não desconte em sua esposa e não invente brigas sem causa, que somente complicarão a vida de vocês. Uma boa caminhada talvez o ajude a se acalmar enquanto conversa com o Senhor; mas antes explique que você precisa de um tempo... depois volte e acerte tudo com ela, em paz.

Clame a Deus pela graça de ser longânimo e pacificador (Pv 15.18), lembrando-se de que normalmente são necessários dois para brigar.

## 65. Planejando juntos

> *Os planos mediante os conselhos têm bom êxito;*
> *faze a guerra com prudência.*
> Provérbios 20.18

> *Os planos do diligente tendem à abundância,*
> *mas a pressa excessiva, à pobreza.*
> Provérbios 21.5

Já vimos a importância de um tempo diário como casal para nos atualizarmos sobre os acontecimentos do dia e refletirmos sobre desafios e vitórias (veja a ideia 59, sobre Provérbios 18.2 e o "tempo de sofá"). Mas o casal também precisa de tempos maiores para avaliar o andamento do lar, o desenvolvimento dos filhos, a amizade conjugal, as finanças e especialmente os planos futuros. A falta desse tempo de avaliação e planejamento tem complicado muitos relacionamentos e criado tensões desnecessárias na família.

Pense na possibilidade de marcar um ou dois momentos no ano em que vocês, como casal, possam fazer um balanço do seu lar, tratando justamente essas áreas. Parte do tempo pode ser reservada para uma retrospectiva e avaliação da família, e outra parte pode ser focada em traçar planos, alvos e sonhos para o futuro. Um retiro só dos dois seria ótimo, mas, se não houver condições de sair, pense em separar algumas horas no fim de semana, em que os filhos podem estar com os avós ou amigos, para vocês terem um tempo ininterrupto.

Você também pode servir de conselheiro de planejamento para sua esposa. Que tal dar de presente a ela uma agenda ou calendário? Antes que ela anote seus planos e compromissos, você deve incluir textos bíblicos, recados ou outras palavras de encorajamento. Serão lembranças de que o homem faz os planos, mas a resposta certa vem do Senhor (Pv 16.1).

## 66. Honrando os pais

*A quem amaldiçoa a seu pai ou a sua mãe,
apagar-se-lhe-á a lâmpada nas mais densas trevas.*
Provérbios 20.20

*Os olhos de quem zomba do pai
ou de quem despreza a obediência à sua mãe,
corvos no ribeiro os arrancarão
e pelos pintãos da águia serão comidos.*
Provérbios 30.17

*Honra a teu pai e a tua mãe (que é o primeiro
mandamento com promessa), para que te vá bem,
e sejas de longa vida sobre a terra.*
Efésios 6.2,3

A falta de obediência e honra é uma das características dos últimos tempos (2Tm 3.2). Paulo lista uma série de pecados que caracterizam uma *disposição mental reprovável* em Romanos 1.30-32 e inclui: *soberbos, presunçosos,* [...] *desobedientes aos pais,* [...] *sem afeição natural e sem misericórdia*. Ele diz que esses pecados são *passíveis de morte*.

Hoje encontramos filhos processando os pais, terapeutas fazendo regressão em seus pacientes para descobrir traumas causados pelos pais, e uma verdadeira cultura de vitimização em que ninguém está isento de culpa pelos traumas dos filhos.

Certamente não queremos negar a existência de problemas sérios influenciados ou até mesmo causados por pais inadequados. Mas parece que a nossa sociedade levou o pêndulo para o outro lado do espectro — honrar os pais é algo tão raro, enquanto culpar os pais está na moda.

Até mesmo na igreja, percebemos uma tendência crescente de culpar gerações anteriores pelos nossos pecados de hoje. Certamente o pecado dos pais nos influencia. Mas não podemos cair no engano que culpa todo mundo pelo meu pecado — menos eu mesmo. Somos vítimas, sim. Mas também somos responsáveis pelas nossas respostas ao pecado cometido contra nós.

Como marido, você tem ajudado sua esposa no cumprimento dessa ordem? Ou tem contribuído para criar tensão entre ela e seus pais?

Há muitas piadas sobre os sogros; mas o homem que ama sua esposa honra os pais dela. Você já agradeceu a seus sogros pela formação e pelo caráter que desenvolveram na filha deles, tornando-a a bênção que ela é hoje em sua vida? Você pode fazer isso pessoalmente ou por carta, telefone, *WhatsApp* etc., destacando as qualidades que sua esposa herdou deles.

## 67. Promessas precipitadas

*Laço é para o homem o dizer precipitadamente: É santo!*
*E só refletir depois de fazer o voto.*
Provérbios 20.25

*Quando um homem fizer voto ao Senhor ou juramento para obrigar-se a alguma abstinência, não violará a sua palavra; segundo tudo o que prometeu, fará.*
Números 30.2

*Quando a Deus fizeres algum voto, não tardes em cumpri-lo; porque não se agrada de tolos. Cumpre o voto que fazes. Melhor é que não votes do que votes e não cumpras.*
Eclesiastes 5.4,5

Votos assumidos, decisões tomadas e promessas feitas revelam nosso caráter. Deus leva muito a sério os compromissos que assumimos. Ele é testemunha de todos.

Como casal, vocês devem tomar esse tipo de decisão em conjunto. Infelizmente, nem todos os homens têm o hábito de consultar a esposa antes de assumir algum tipo de compromisso. Mas Deus colocou a *auxiliadora idônea* ao lado do marido justamente para influenciar positivamente a perspectiva dele.

Ajude sua esposa a sempre cumprir a palavra dela, mesmo que seja difícil, como afirma o Salmo 15.4 sobre a pessoa íntegra: *jura com dano próprio e não se retrata*.

Nunca diga: "Não te falei?" se ela cair nas armadilhas que você pressentiu. Ela mesma há de reconhecer que você tinha razão, e quem sabe lhe dará ouvidos na próxima vez.

## 68. Ensina a criança

*Ensina a criança no caminho em que deve andar, e, ainda quando for velho, não se desviará dele.*
Provérbios 22.6

"O pai que ama a Deus de todo o coração transmite sua fé à próxima geração!" Deus designou o pai como "educador principal" de seus filhos (Ef 6.4), mas muitos homens entristecem sua esposa porque delegam a ela todo o ensino religioso do lar.

O desafio é grande. Qualquer pai que já ensinou o filho a andar de bicicleta reconhece a tensão que existe entre segurar a bicicleta e proteger o filho enquanto dá as primeiras pedaladas, e soltar as mãos quando o filho começa a ter confiança para andar sozinho. Saber quando segurar e quando soltar também representa um dos nossos maiores desafios na educação dos filhos.

Os pais têm a responsabilidade dada por Deus de ser os principais agentes formativos na educação dos seus filhos. Precisam "construir" o caráter temente a Deus na vida deles, guiando-os diligentemente nos caminhos da sabedoria desde a infância até que se tornem adultos. Fazem isso confiando que a graça soberana de Deus é capaz de resgatar a alma dos seus filhos e conduzi-los nesse caminho. Mesmo quando os pais e outros modelos não estiverem mais por perto, os filhos continuarão na mesma trilha do Senhor.

"Ensinar a criança" não significa descobrir os gostos, talentos e o "jeitão" particular da criança e encorajá-la a continuar nesse caminho. Não significa enviar o filho para a escola bíblica dominical e outros programas da igreja, sem um acompanhamento espiritual de perto pelos pais. Os pais facilitam o crescimento espiritual de seus filhos quando os dedicam ao Senhor e os acompanham no caminho da sabedoria divina, até que eles sejam capazes de continuar a jornada sozinhos.

Podemos sugerir uma paráfrase do texto, como segue:

- Consagre o jovem (depois de anos de instrução) no caminho (do Senhor),

- e mesmo quando for velho (e os pais não mais estiverem vigiando sua conduta)
- não vai se desviar dele.

Há exceções ao princípio desse texto? Sim. Um filho bem encaminhado pode mais tarde decidir por conta própria desviar-se do caminho do Senhor? Claro. Mas a existência de exceções não anula a regra. Não podemos forçar o gênero literário de "provérbio" na categoria de "promessa", muito menos inverter o versículo e concluir que pais com filhos desviados "obviamente" não os conduziram nos caminhos do Senhor.

Esses pais experimentam o que o apóstolo João disse sobre seus filhos na fé: *Não tenho maior alegria do que esta, a de ouvir que meus filhos andam na verdade* (3Jo 4). Provérbios ecoa a mesma ideia: *Corrige o teu filho, e te dará descanso, dará delícias à tua alma* (Pv 29.17).

Talvez o maior e melhor presente que um marido pode dar à esposa seja o envolvimento ativo na educação espiritual de seus filhos.

## 69. Amor à vista

*O rico domina sobre o pobre,
e o que toma emprestado
é servo do que empresta.*
Provérbios 22.7

*A ninguém fiqueis devendo coisa alguma,
exceto o amor com que vos ameis uns aos outros;
pois quem ama o próximo tem cumprido a lei.*
Romanos 13.8

Qualquer empréstimo que comprometa as finanças do lar leva à escravidão. A dívida é uma tesoura que corta o saco financeiro. A sociedade nos seduz para cairmos nesta armadilha: cartões de crédito, cheques especiais, pagamentos parcelados (com ou sem juros) e muitos outros. Não que o uso destes constitua pecado. O perigo é gastar agora o que se pretende ganhar amanhã. E o saco rasga mais um pouco.

Dívida talvez não seja pecado, mas muitas vezes pode ser tolice. A diferença entre 1 real na poupança e 1 real de dívida no cartão de crédito é bem maior que 2 reais! A diferença é sono tranquilo, sossego, falta de brigas sobre dinheiro e liberdade. Faça todo o possível para dar este presente à sua esposa: sua emancipação das dívidas!

Pior que a dívida pessoal, a fiança constitui uma espécie de dívida importada. O fiador se compromete pela dívida de terceiros, como, por exemplo, na compra ou no aluguel de um apartamento ou carro, no início de um novo negócio que exige empréstimos etc. Provérbios diz: *Não estejas entre os que se comprometem e ficam por fiadores de dívidas, pois, se não tens com que pagar, por que arriscas perder a cama de debaixo de ti?* (22.26,27).

Uma maneira prática de demonstrar seu amor à sua esposa é pelas economias e gastos sábios feitos no lar. O maior rombo no orçamento familiar são as dívidas. O marido que pratica "amor à vista" faz as economias necessárias e disciplina-se para fazer as compras com simplicidade e, na medida do possível, somente "à vista"! Não corra atrás de um padrão de vida luxuoso!

## 70. Tradições familiares

*Não removas os marcos antigos que puseram teus pais.*
Provérbios 22.28

*Não mudes os marcos do teu próximo,*
*que os antigos fixaram na tua herança,*
*na terra que o SENHOR, teu Deus, te dá para a possuíres.*
Deuteronômio 19.14

Na terra de Israel, Deus designou lotes de herança familiar para serem repassados de pai para filho. Raízes profundas com o passado ficariam ligadas ao terreno natal de cada um. Qualquer mudança, seja por fraude, seja por roubo, seja por menosprezo da história, foi veementemente vetada por ordenança divina.

A preocupação divina parece ir além da posse da terra em si. Os vínculos históricos com a tradição e a história familiar seriam prejudicados pela desconsideração do passado.

No sentido figurativo, os marcos antigos das tradições familiares não devem ser descartados facilmente. Eles nos ligam ao passado, dão um senso de história, de valores e princípios.

O casal recém-casado terá que decidir quais tradições familiares irá manter em sua nova família. Em alguns casos, vai mesclar tradições e, às vezes, criar novas.

Pergunte à sua esposa sobre algumas das tradições da família dela (por exemplo, como eles celebravam aniversários, Natal, Páscoa e o Dia da Criança) e procure surpreendê-la, repetindo algumas das tradições mais significativas para ela. Juntos, estabeleçam os marcos antigos que continuarão a manter fortes as raízes do passado em sua família hoje.

## 71. Fidelidade + perseverança = excelência

*Vês a um homem perito na sua obra?*
*Perante reis será posto; não entre a plebe.*
Provérbios 22.29

*O filho honra o pai, e o servo, ao seu senhor.*
*Se eu sou pai, onde está a minha honra?*
*E, se eu sou senhor, onde está o respeito para comigo?*
*— diz o S*ENHOR *dos Exércitos...*
Malaquias 1.6

Infelizmente, para algumas pessoas o cristianismo é sinônimo de "mediocridade". Nosso serviço na igreja é medíocre, porque, afinal de contas, é "voluntário". Os filmes, as músicas e a arte que produzimos muitas vezes parecem inferiores ao que o mundo produz. Mas, de onde veio a ideia de que, se é para Deus, qualquer coisa serve?

O pai em Provérbios ensina algo diferente para seus filhos: excelência em nome de Deus.

Se criarmos o hábito de fazer nossas tarefas de qualquer jeito hoje, nosso trabalho será "de qualquer jeito" amanhã. *Quem é fiel no pouco também é fiel no muito* (Lc 16.10).

Malaquias repreende o povo medíocre da sua época pela mentalidade de que qualquer coisa servia para Deus.

Para ser excelente, nosso filho não precisa ser o melhor aluno, atleta ou músico da sua turma. Sempre haverá alguém com mais talento, mais habilidade, mais dons. Mas devemos estabelecer o padrão de excelência conforme esta fórmula:

Fidelidade + perseverança = excelência

Como pais, vocês têm a responsabilidade de ajudar os filhos a fazer o melhor possível, dentro de suas habilidades (e não além delas): *Tudo quanto fizerdes, fazei-o de todo o coração, como para o Senhor e não para homens* (Cl 3.23).

Verifique que suas tarefas de casa, suas responsabilidades domésticas, seus projetos de escola bíblica dominical e seus ministérios sejam realizados com dedicação e capricho, o que inclui o preparo, a pontualidade e a perseverança. Como líder do lar, zele por excelência e fuja da mediocridade.

## 72. Contentamento

*Não te fatigues para seres rico;
não apliques nisso a tua inteligência.*
Provérbios 23.4

*Afasta de mim a falsidade e a mentira;
não me dês nem a pobreza nem a riqueza;
dá-me o pão que me for necessário;
para não suceder que, estando eu farto, te negue e diga:
Quem é o S*ENHOR*? Ou que, empobrecido,
venha a furtar e profane o nome de Deus.*
Provérbios 30.8,9

Reflita na mensagem observada em um adesivo de carro:

"Nenhum sucesso na vida compensa o fracasso no lar".

Nunca ouvimos falar de um alto executivo de uma multinacional que, no leito de morte, expressasse seus ressentimentos desta forma: "Se eu pudesse ter fechado apenas mais um contrato...". Mas quantos dariam tudo para poder gastar mais alguns minutos brincando com os filhos ou passeando com a esposa!

Como homens, não podemos permitir que a avareza do mundo nos tire o sono do contentamento. A filosofia de muitos é: "Quem morre com mais brinquedos ganha!" Mas nunca vimos um caixão indo para o cemitério seguido por um caminhão de mudanças.

Avalie bem as suas prioridades. Valorize vidas acima de coisas. *Se o* SENHOR *não edificar a casa, em vão trabalham os que a edificam* (Sl 127.1). Trabalhe para viver, mas não viva para trabalhar. Invista hoje no que é eterno. Você não vai se arrepender amanhã!

## 73. Sobriedade

*Para quem são os ais? Para quem, os pesares?*
*Para quem, as rixas?*
*Para quem, as queixas? Para quem, as feridas sem causa?*
*E para quem, os olhos vermelhos?*
*Para os que se demoram em beber vinho,*
*para os que andam buscando bebida misturada.*
*Não olhes para o vinho, quando se mostra vermelho,*
*quando resplandece no copo e se escoa suavemente.*
*Pois ao cabo morderá como a cobra e picará como o basilisco.*
*Os teus olhos verão coisas esquisitas,*
*e o teu coração falará perversidades.*
*Serás como o que se deita no meio do mar*
*e como o que se deita no alto do mastro*
*e dirás: Espancaram-me, e não me doeu;*
*bateram-me, e não o senti; quando despertarei?*
*Então, tornarei a beber.*
Provérbios 23.29-35

No Brasil, quase 70 milhões de homens e mulheres bebem. Desses, a maioria esmagadora é de homens, embora o abuso do álcool entre mulheres cresça mais rápido do que entre os homens. Conforme a reportagem "A boia da prevenção", 22 milhões de homens abusam do álcool e 12 milhões são alcoólatras, dados que representam um aumento de 30% com relação à década de 1990.[2]

Uma pesquisa da Associação Brasileira de Psiquiatria aponta que 60% dos acidentes de trânsito têm como desencadeador o uso do álcool, e que o álcool aparece em 70% dos laudos cadavéricos de mortes violentas.[3]

---

[2] Lopes, Adriana Dias; Magalhães, Naiara. *A boia da prevenção*. In: Veja.com, ed. 2.129, 9 set. 2009. Acesso em 13 de março de 2013.
[3] Associação Brasileira de Psiquiatria. *Abuso e dependência do álcool*. Disponível em: <http://www.projetodiretrizes.org.br/projeto_diretrizes/002.pdf>. Acesso em 13 de março de 2013.

A questão da bebida é um dos assuntos mais polêmicos das Escrituras e muitas vezes envolve fortes emoções. Por um lado, há aqueles que já presenciaram (ou experimentaram) os efeitos trágicos e devastadores da bebida. Por outro, temos os defensores da sã doutrina que temem o legalismo cego que pode distorcer as Escrituras e em seu nome proibir todo e qualquer uso do álcool. É preciso ter sabedoria para tratar da questão da bebida, por meio de sensibilidade, equilíbrio e bom senso bíblico, a fim de não cair no erro nem do legalismo nem da libertinagem.

O álcool destrói mais lares hoje do que qualquer outro vício. Não troque a preciosidade do seu lar pela fantasia da bebida. Há muitas esposas e filhos tristes e desesperados por causa de um alcoólatra em casa. *O vinho é escarnecedor, e a bebida forte, alvoroçadora; todo aquele que por eles é vencido não é sábio* (Pv 20.1).

## 74. O amor é PPTO

> Se te mostras fraco no dia da angústia,
> a tua força é pequena.
> Provérbios 24.10

> Em todo tempo ama o amigo,
> e na angústia se faz o irmão.
> Provérbios 17.17

Os votos matrimoniais tradicionais declaram:

> Prometo estar contigo na alegria e na tristeza,
> na saúde e na doença,
> na riqueza e na pobreza,
> amando-te, respeitando-te e sendo-te fiel todos os dias de minha vida,
> até que a morte nos separe.

Ou seja, o amor é PPTO: Pau Para Toda Obra. Em termos bíblicos, o amor *tudo sofre* (1Co 13.7). Ele aguenta os momentos difíceis, topa as aventuras, passa pelo vale da sombra da morte, bem como se alegra com as vitórias nas montanhas.

Todo casamento passa por momentos de sofrimento: Desemprego. Infertilidade. Doença. Conflitos com familiares. Filhos difíceis. Morte. O amor bíblico que tem sua raiz no caráter de Deus supera cada momento de aflição. Sem ele ficaríamos sem esperança.

O amor de um pelo outro será mais provado nos momentos de sofrimento. O amor verdadeiro sofre junto com o amado. Como diz Provérbios 24.10, *Se te mostras fraco no dia da angústia, a tua força é pequena*. Ou seja, o amor em palavra se prova na provação. *Não abandones o teu amigo, nem o amigo de teu pai* (Pv 27.10).

Peça a graça de Deus para poder superar as fases de sofrimento, mostrando à sua esposa sua profunda compaixão e simpatia por tudo o que ela (e você) está (estão) passando. O amor sofre junto!

## 75. O jugo igual

*Livra os que estão sendo levados para a morte
e salva os que cambaleiam indo para serem mortos.*
Provérbios 24.11

*Os que forem sábios, pois, resplandecerão
como o fulgor do firmamento;
e os que a muitos conduzirem à justiça,
como as estrelas, sempre e eternamente.*
Daniel 12.3

*Não vos ponhais em* JUGO *desigual com os incrédulos;
porquanto que* SOCIEDADE *pode haver,
entre a justiça e a iniquidade?
Ou que* COMUNHÃO, *da luz com as trevas?
Que* HARMONIA, *entre Cristo e o maligno?
Ou que* UNIÃO, *do crente com o incrédulo?
Que* LIGAÇÃO *há entre o santuário de Deus e os ídolos?*
2Coríntios 6.14-16

Talvez não seja o que você pensa em termos de "paparicar" sua esposa, mas não existe alegria maior do que o privilégio de um casal ministrar junto para salvar *os que cambaleiam [...] para serem mortos*. Chama-se isso de um "jugo igual".

Dois animais ligados por um jugo ou "canga" precisavam ir na mesma direção e fazer a mesma coisa. Deuteronômio 22.10 adverte: *Não lavrarás com junta de boi e jumento*. Um jugo desigual entre animais de índole, força e disposição diferentes levaria a confusão, tensão, brigas e um trabalho malfeito. Quando aplicado ao ideal divino para o casamento, cada parceiro deve fortalecer o outro em virtude do "jugo" de compromisso ligando os dois. Assim, reforçam as fraquezas um do outro, dando encorajamento mútuo, levantando o outro.

Mas a união de um cristão — cuja maior lealdade na vida é ao Senhor Jesus — com um incrédulo, que não partilha e não consegue entender plenamente esse compromisso, inevitavelmente leva à confusão. Como água e óleo, não se misturam. Nunca serão verdadeiramente unidos.

Por que jugo igual? Porque o casamento visa ao serviço mútuo do agricultor e seu campo (Gn 2.15,18). O serviço não será feito quando não houver esse acordo ministerial. De fato, será atrapalhado. O que justifica o casamento é o reforço mútuo que permite a soma das suas forças para o Reino.

Como casal, envolvam-se em algum ministério juntos, mesmo que simples, para que resgatem a alma de crianças, jovens e adultos para o Senhor e cumpram o propósito para o qual Deus os juntou.

## 76. Autoridade

> Teme ao SENHOR, filho meu, e ao rei
> e não te associes com os revoltosos.
> Porque de repente levantará a sua perdição,
> e a ruína que virá daqueles dois, quem a conhecerá?
> Provérbios 24.21,22

> Todo homem esteja sujeito às autoridades;
> porque não há autoridade que não proceda de Deus;
> e as autoridades que existem foram por ele instituídas.
> Romanos 13.1

À luz da Palavra de Deus, todos nós somos sujeitos a alguma autoridade:

- Cidadãos ao governo (Rm 13.1,5; 1Pe 2.13; Tt 3.1)
- Ovelhas aos pastores (Hb 13.17; 1Co 16.16)
- Jovens aos mais velhos (1Pe 5.5)
- Esposas ao marido (Ef 5.22ss; Cl 3.18)
- Filhos aos pais (Ef 6.1-3; Cl 3.20)
- Servos aos senhores (Ef 6.5; Cl 3.22)
- Todos a Deus (Tg 4.7; Hb 12.9)

Como disse o pastor Jeff Drydden, "Submissão é o sabor do cristianismo".

A plenitude do Espírito em nossa vida faz com que vivamos contentes nas esferas de autoridade que Deus ordenou (Ef 5.18—6.9). Quando ficamos nós mesmos em posições de autoridade — como o marido foi chamado para chefiar o lar —, somos responsáveis pelas decisões que afetam a vida dos que nos cercam. Quando ficamos sujeitos às autoridades, podemos descansar no fato de que estamos agindo debaixo da autoridade de Deus.

Como homens, devemos exercer nossa autoridade com amor e carinho (Ef 5.25-33). Somos responsáveis por proteger e pastorear nosso lar. Não fazemos isso como se fôssemos ilhas, autônomos ou ditadores. Aproveitamos a sabedoria, experiência e perícia da nossa esposa para tomar decisões acertadas.

# 77. Mordomia

> *Cuida dos teus negócios lá fora,*
> *apronta a lavoura no campo e, depois, edifica a tua casa.*
> Provérbios 24.27

> *Procura conhecer o estado das tuas ovelhas*
> *e cuida dos teus rebanhos,*
> *porque as riquezas não duram para sempre,*
> *nem a coroa, de geração em geração.*
> Provérbios 27.23,24

Estabilidade financeira exige uma mordomia fiel. Inclui fé, e não presunção. O lar saudável exige a cooperação de marido e esposa como time, tanto na aquisição como na manutenção dos bens familiares.

O marido sábio ajuda a esposa a não ser precipitada nos negócios. Não insista com sua esposa para que vocês consigam, já nos primeiros anos de casamento, o que seus pais batalharam para adquirir ao longo de uma vida! Especialmente quando isso significa entrar em dívidas. Muitos casais jovens caem nesse erro e acabam com a corda de dívidas no pescoço, que os sufoca e eventualmente tira a paz dos endividados.

A boa mordomia inclui a manutenção daquilo que Deus já concedeu ao casal. Os dois textos acima se aproveitam do contexto agrícola da Palestina para insistir em planejamento, diligência e cuidado daquilo que Deus graciosamente lhes deu. Pode-se perguntar por que Deus daria mais quando não cuidamos daquilo que já temos.

Trabalhem, planejem, esperem e depois edifiquem a sua casa! Cuidem fielmente daquilo que já têm para serem fiéis mordomos das dádivas divinas.

# 78. Amor e justiça

*Não digas: Como ele me fez a mim,
assim lhe farei a ele;
pagarei a cada um segundo a sua obra.*

Provérbios 24.29

*Não torneis a ninguém mal por mal;
esforçai-vos por fazer o bem perante todos os homens; [...]
não vos vingueis a vós mesmos, amados,
mas dai lugar à ira;
porque está escrito: A mim me pertence a vingança;
eu é que retribuirei, diz o Senhor.*

Romanos 12.17,19

A vida de Jesus em nós se manifesta em uma capacidade sobrenatural de perseverar fiel sem perder a perspectiva divina mesmo em meio à adversidade. Exige maturidade para ver, além da provação, os benefícios que ela produz (Tg 1.2-12). Requer amor que descansa na justiça e retribuição divinas, sem se tornar juiz.

Não alimente um espírito vingativo. Não se alegre, por exemplo, se sua esposa passar por algumas dificuldades por não ter respeitado sua opinião ou seguido seu conselho. Evite dizer "Não te falei?"

Se ela ou outra pessoa pecar contra você, e se for necessário que o Senhor a discipline, fuja da tentação de pensar "Bem feito!"

Em horas assim, o amor precisa falar mais alto. Sua esposa precisa ouvir: "Amo você, apoio você e ficarei ao seu lado". Encoraje-a a continuar firme, apesar das aflições que possam vir!

## 79. Comunicação direta

*Pleiteia a tua causa diretamente com o teu próximo e não descubras o segredo de outrem.*
Provérbios 25.9

*Se teu irmão pecar [contra ti], vai argui-lo entre ti e ele só. Se ele te ouvir, ganhaste a teu irmão.*
Mateus 18.15

Conta-se a história de um casal recém-casado que chegou em seu apartamento depois de uma semana de lua de mel na praia. Mal haviam guardado suas coisas quando o marido se virou para a esposa e declarou:

— Querida, em nossa lua de mel descobri alguns defeitinhos em você que eu não via antes. Você quer que eu lhe conte quais são?

— Não, obrigada — foi a resposta dela. — Eu convivo com meus "defeitinhos" há muito mais tempo que você, e os conheço muito bem. Além disso, se eu não os tivesse, teria arranjado um marido bem melhor do que você...

Esperamos que esse diálogo *não* represente seu casamento. Mas existe pelo menos uma virtude nele: a comunicação direta.

Infelizmente, vivemos dias de falsidade relacional. "Amigos" enfiam a faca verbal nas costas um do outro através da fofoca.

Não conte para outros os "defeitinhos" da sua esposa ou seus desentendimentos em casa, mas trate diretamente com ela suas queixas, sempre com espírito de humildade e de modo tratável, conforme Gálatas 6.1.

Conserve a confiança entre vocês, para que a "fofoca conjugal" não o separe de sua melhor amiga. Evite expor sua esposa para outros!

## 80. Maçãs de ouro

*Como maçãs de ouro em salvas de prata,
assim é a palavra dita a seu tempo.*
Provérbios 25.11

*Palavras agradáveis são como favo de mel:
doces para a alma e medicina para o corpo.*
Provérbios 16.24

Que tal unir o útil ao agradável: palavras doces com um presente doce para sua esposa?

Para colocar algumas maçãs de ouro em salvas de prata para sua esposa, que tal surpreendê-la deixando-lhe um recado de carinho por mídia social?

Ou talvez deixar debaixo do travesseiro dela algo simples, como um bombom ou outro doce preferido? Acrescente um recadinho de estímulo e amor, dizendo: "Penso sempre em você", "Eu te amo, vou sentir saudades" ou "Estou orando por você".

Conte como você está grato por tudo que ela significa em sua vida e liste algumas qualidades que você admira nela.

Duas áreas específicas em que você pode compartilhar palavras de ouro: Depois de mais uma boa refeição preparada por ela, elogie tudo de que você gostou. Outra área... muitos homens não estão "nem aí" com os projetos manuais de sua esposa. A próxima vez que ela fizer um trabalho manual (bordado, ponto-cruz ou outro *hobby*), tome alguns instantes para observar e sinceramente elogiar o trabalho dela.

Lembre-se: Não haverá presente melhor do que suas doces palavras, as quais serão como remédio para ela.

# 81. A crítica construtiva

*Como pendentes e joias de ouro puro,
assim é o sábio repreensor para o ouvido atento.*
Provérbios 25.12

*Melhor é a repreensão franca do que o amor encoberto.
Leais são as feridas feitas pelo que ama,
porém os beijos de quem odeia são enganosos.*
Provérbios 27.5,6

*O que repreende ao homem achará, depois, mais favor
do que aquele que lisonjeia com a língua.*
Provérbios 28.23

Já tratamos da importância de *receber bem* as repreensões do nosso cônjuge. Mas como *dar* palavras de incentivo em áreas de falha?

Deus chamou o marido, assim como a esposa, para afiar o caráter um do outro *como o ferro com o ferro se afia* (Pv 27.17). Faça isso, mas com a motivação de ajudar, nunca de se vingar.

A crítica construtiva precisa ser feita com amor, mansidão e humildade: *Irmãos, se alguém for surpreendido nalguma falta, vós, que sois espirituais, corrigi-o com espírito de brandura; e guarda-te para que não sejas também tentado* (Gl 6.1).

À luz desses textos de Provérbios, a repreensão sábia e humilde vale *como pendentes e joias de ouro*. O propósito nunca é expor ou humilhar o outro, mas servir de talhadeira para que a imagem de Cristo seja formada mais e mais no cônjuge (Gl 4.19; Rm 8.29).

Se for necessário apontar uma área em que sua esposa precise melhorar, procure fazê-lo de uma forma que reafirme seu amor constante por ela. Se ela não for muito aberta para receber suas sugestões, ore a Deus para proporcionar o momento certo, do jeito dEle, para *completar a boa obra* (Fp 1.6) que já começou em sua esposa.

## 82. A brandura que esmaga ossos

*A longanimidade persuade o príncipe,
e a língua branda esmaga ossos.*
Provérbios 25.15

*Sem lenha, o fogo se apaga;
e, não havendo maldizente, cessa a contenda.*
Provérbios 26.20

*Mas o fruto do Espírito é [...] mansidão...*
Gálatas 5.22,23

A mansidão não é fraqueza, mas "força sob controle". Essa parece ser a descrição do homem que protege, lidera e pastoreia sua esposa como produto da obra de Cristo em seu coração.

Para isso, é necessário o controle do Espírito de Deus, produzindo o fruto do Espírito, que é a vida de Jesus em nós. Só Ele pode transformar um coração que só quer mostrar que tem razão! Mas, conforme o ditado, "Água mole, em pedra dura, tanto bate até que fura". Não queremos "bater tanto" a ponto de nos tornarmos pessoas irritantes. Mas pela brandura das palavras podemos conquistar grandes vitórias.

O que você faz quando sua esposa chega mal-humorada em casa? Põe mais lenha na fogueira ou tenta acalmá-la? Evite discutir com ela qualquer assunto delicado nesse momento, mas, se isso ocorrer, não tente ganhar a discussão, dizendo "Viu? Eu não falei que tinha razão?" Será que é tão importante derrotar sua esposa assim? É melhor ganhá-la com amor!

Procure ganhar pela brandura o que talvez, no passado, você tentava conquistar pela dureza.

## 83. Moderação

*Achaste mel? Come apenas o que te basta,
para que não te fartes dele e venhas a vomitá-lo.*
Provérbios 25.16

*Não estejas entre os bebedores de vinho;
nem entre os comilões de carne.
Porque o beberrão e o comilão caem em pobreza;
e a sonolência vestirá de trapos o homem.*
Provérbios 23.20,21

*Mete uma faca à tua garganta, se és homem glutão.*
Provérbios 23.2

Poucas coisas são tão desagradáveis para uma mulher do que um marido que come demais ou bebe demais, que se revela egoísta e mal-educado em contextos sociais ou na própria casa.

Embora tudo que Deus criou seja bom (1Tm 4.4,5), e o cristão tenha a liberdade de desfrutar, com moderação, o que Deus fez, existem situações em que ele deve escolher *se abster* de certas atividades pelo perigo que representam em sua vida e para seu testemunho. É importante que ele seja sensível ao contexto em que vive e que conheça a si mesmo o suficiente para tomar decisões sábias sobre atividades "duvidosas", quaisquer que sejam.

Não seja exagerado nos seus hábitos de comer e beber. Evite os excessos. Seja moderado em tudo.

## 84. Boas-novas de longe

*Como água fria para o sedento,
tais são as boas-novas vindas de um país remoto.*
Provérbios 25.25

Se sua esposa (ou você) precisa viajar muito e ficar longe da família, igreja e amigos, pense em maneiras criativas pelas quais você pode trazê-la mais para perto e alegrá-la com boas-novas.

Uma das melhores maneiras é através de mídias sociais, que permitem acompanhar ao vivo eventos marcantes na vida da família. Festas de aniversário, recitais, jogos esportivos, cultos especiais, apresentações na escola — todos podem ser filmados e compartilhados como se a pessoa distante estivesse presente.

Outra ideia: Se sua esposa tem uma boa amiga ou parente que mora longe, e com quem não tem tido contato durante muito tempo, que tal incentivá-la a entrar em contato com ela? Pode ser uma amiga, companheira da infância, da faculdade, parente ou vizinha que se mudou. Melhor ainda: Entre em contato com a pessoa e peça que *ela* ligue para sua esposa.

## 85. Cidade sem muros

*Como cidade derribada, que não tem muros,
assim é o homem que não tem domínio próprio.*
Provérbios 25.28

*Mas o fruto do Espírito é [...] domínio próprio...*
Gálatas 5.22,23

*Mas esmurro o meu corpo e o reduzo à escravidão,
para que, tendo pregado a outros, não venha
eu mesmo a ser desqualificado.*
1Coríntios 9.27

Autocontrole (disciplina, domínio próprio) constitui mais um fruto produzido sobrenaturalmente na vida do cristão — outra característica da própria vida de Jesus sendo produzida em nós (Gl 2.20).

Algumas pessoas tendem a ser mais disciplinadas que outras, mas precisamos lembrar que esse fruto não se trata de temperamento ou personalidade, e sim de uma capacidade divina de governar impulsos, desejos e reações conforme Cristo. Significa poder dizer "não" a si mesmo e ao pecado e "sim" às atitudes e ações que agradam a Deus.

Ser uma pessoa disciplinada não significa ser uma máquina, alguém sem tempo para pessoas, que preenche cada segundo do dia com alguma atividade. O domínio próprio na vida de Jesus significava uma vida vivida sem pressa, em que o importante tomava precedência sobre o urgente e em que pessoas eram mais importantes que programas.

Você tem autocontrole — ou melhor, é uma pessoa controlada pelo Espírito? Você consegue dizer "não!" a seus próprios desejos e impulsos? É compulsivo para fazer compras ou tem equilíbrio? Você come demais? Tende a dominar conversas? Consegue desligar a TV quando começa a passar um programa impróprio?

Quer sempre dormir mais do que devia? Não consegue se conter em fazer uma fofoca ou abandonar esse hábito?

Outra área importante de domínio próprio: o cuidado da sua forma física. Comece devagar, mas comece, com exercício físico, uma dieta com menos calorias, evitando os exageros. Desenvolva sua autodisciplina recrutando sua esposa para ajudá-lo, a fim de manter uma prestação de contas nesse sentido.

## 86. Serviço de casa

*Como a porta se revolve nos seus gonzos,
assim, o preguiçoso, no seu leito.*
Provérbios 26.14

*Ó preguiçoso, até quando ficarás deitado?
Quando te levantarás do teu sono?*
Provérbios 6.9

*O preguiçoso mete a mão no prato
e não quer ter o trabalho de a levar à boca.*
Provérbios 19.24

Às vezes, nós, homens, ficamos muito acomodados com uma esposa que faz tudo por nós. Mas podemos sair da preguiça e ao mesmo tempo valorizar o que ela tanto faz.

Provérbios usa de sarcasmo ao descrever o preguiçoso que quer receber tudo de mão beijada — e, mesmo assim, não se dá ao trabalho de usufruir o que tem recebido.

Cada cultura tem seus tabus em termos do que homens e mulheres fazem. Cada família tem seus "usos e costumes" quanto ao serviço de casa também. Mas não há desculpa de cultura ou costume quando se trata da ajuda mútua que deve caracterizar o lar cristão. O marido que faz corpo mole enquanto a esposa se mata com os afazeres do lar é egoísta e orgulhoso.

Seja sensível às necessidades da esposa em termos dos cuidados do lar. Ela dá conta de tudo que precisa ser feito? Você poderia arrumar a cama de vez em quando? Limpar o banheiro? Lavar a louça? Arrumar a mesa antes da chegada de visitantes? Levantar no meio da noite para cuidar de uma criança doente ou assustada?

Que tal surpreender (não assustar nem envenenar!) sua esposa, assumindo o serviço da cozinha quando ela estiver muito ocupada? Faça algo simples, mas caprichado, e ao mesmo tempo aprenda a valorizar o que ela e outros fazem por você todos os dias.

São poucos os maridos que "paparicam" a esposa ajudando com o serviço de casa. Seja você um deles!

## 87. Homem contencioso... no trânsito

> *Como o carvão é para a brasa, e a lenha, para o fogo, assim é o homem contencioso para acender rixas.*
> Provérbios 26.21
>
> *É necessário, portanto, que o bispo seja irrepreensível, [...] inimigo de contendas...*
> 1Timóteo 3.2,3

*Inimigo de contendas* descreve uma qualidade *essencial* do caráter do homem de Deus. Alguns talvez pensem: "Não sou uma pessoa complicada; nunca bati em ninguém. Não grito nem falo mal de ninguém. Nunca fui violento nem briguento". Ainda assim, é preciso sondar o coração para detectar áreas nas quais, em geral, somos tentados a ser contenciosos.

Muitas vezes, uma natureza contenciosa se revela em situações de anonimato, quando ninguém está olhando, especialmente no trânsito e em lugares onde não somos conhecidos.

A pessoa briguenta ou contenciosa revela um coração descontente, egoísta e colérico. Como já sabemos, a ira é uma área em que muitos de nós, homens, enfrentamos grandes lutas. Trata-se de um "monstro" escondido nos cantos remotos e escuros da nossa vida e que aparece quando menos esperamos. O homem de Deus não vive assim, mas foge de conflitos desnecessários. Em outras palavras, é inimigo de contendas.

Homens piedosos e especialmente líderes espirituais devem ser pacificadores, e não encrenqueiros. Não significa que sacrifiquem suas convicções para manter o *status quo*, mas que conseguem discordar sem ser desnecessariamente desagradáveis. Um pavio curto não contribui para um ministério longo![4]

O oposto de ser briguento é ter um espírito quebrantado e humilde. Aqueles que são cientes das muitas necessidades de

---

[4] WIERSBE, Warren W. *The Bible exposition commentary*. Wheaton, Ill.: Victor Books, 1996, c1989. 1Tm 3.1.

transformação interna têm menos propensão a brigar ou discutir para obter o que desejam, ou para preservar seus direitos. Em geral, tornam-se pacificadores, mediadores do favor divino, porque reconhecem que *a ira do homem não produz a justiça de Deus* (Tg 1.20).

Assim como a tentação sexual, o homem de Deus enfrenta desafios constantes na área da ira. Somente o Espírito de Deus pode produzir o equilíbrio de Jesus em uma pessoa, marcada por uma vida forte, corajosa e que defende os mais fracos, sem ser contenciosa nem briguenta. Esse fruto do Espírito não pode ser fabricado artificialmente, mas brota de raízes profundas no solo da graça.

Em termos práticos, o espírito contencioso revela-se muitas vezes no trânsito, algo que entristece e irrita a esposa. Seus hábitos no trânsito acalmam ou provocam sua esposa? Você é um homem contencioso no trânsito, sempre insistindo em seus "direitos"? Untrapassar aquele outro carro na curva realmente é necessário? Precisa mesmo "dar uma lição" naquele motorista? Os cinco segundos que ganhou ultrapassando a linha dupla valeram a tensão e o perigo que você causou? Paparique sua esposa sendo um motorista tranquilo, e não contencioso!

## 88. Que outro te louve

*Seja outro o que te louve, e não a tua boca;*
*o estrangeiro, e não os teus lábios.*
Provérbios 27.2

*Muitos proclamam a sua própria benignidade;*
*mas o homem fidedigno, quem o achará?*
Provérbios 20.6

Assim como a mulher virtuosa (Pv 31.10-31), o homem fidedigno (fiel, firme, constante) é muito raro. Como a mulher virtuosa (Pv 31.28-31), ele deve ser honrado e louvado, mas não por si mesmo!

É desagradável para uma esposa ouvir seu marido "contando vantagens" para os amigos ou para sua família, sempre elogiando a si mesmo ou esperando elogios das pessoas. Certa vez, alguém disse que esse tipo de orgulho e autopromoção é como um vírus que deixa todo mundo doente, menos a pessoa que o tem.

Em vez de sempre pescar elogios de sua esposa, seja você mesmo o primeiro a oferecê-los. Quando elogiar alguém, não espere retribuição. Não manipule outras pessoas com chantagens em busca de tapinhas nas costas. Não seja sempre o herói nas histórias que conta. Fuja da modéstia falsa que quase grita pelo reconhecimento dos outros. *Seja outro o que te louve...*

## 89. Amor eterno enquanto...

*Não abandones o teu amigo, nem o amigo de teu pai...*
Provérbios 27.10

*O amor jamais acaba...*
1Coríntios 13.8

*As muitas águas não poderiam apagar o amor,
nem os rios, afogá-lo;
ainda que alguém desse todos os bens da sua casa
pelo amor, seria de todo desprezado.*
Cântico dos Cânticos 8.7

"Amor eterno enquanto dure". A frase paradoxal provavelmente tem sua origem no poeta brasileiro Vinicius de Moraes. Em 1960, ele publicou uma poesia ironicamente intitulada *Soneto de fidelidade*, que termina assim:

> [Que] Eu possa me dizer do amor (que tive):
> Que não seja imortal, posto que é chama
> Mas que seja infinito enquanto dure.[5]

Infelizmente, parece que mais casais hoje seguem essa filosofia do "amor" (de um homem casado oito vezes!) do que o conselho bíblico: *O amor jamais acaba*.

O amor não é Deus, mas *Deus é amor* (1Jo 4.16), e quem ama como Deus não desiste do amado. Em nós mesmos, isso será impossível. Mas, porque Deus primeiro nos amou (1Jo 4.19), também podemos estender esse amor a nosso cônjuge e outros ao nosso redor.

Se seu casamento passa por tempos difíceis, *não desista!* Se uma voz sussurra em seus ouvidos que você merece uma esposa

---

[5] MORAES, Vinicius de. *Antologia poética*. Rio de Janeiro: Edição do autor, 1960, p. 96.

melhor, um casamento melhor, uma família melhor, *tape seus ouvidos*. Essa voz não é de Deus. Ele odeia o divórcio (Ml 2.16), que desfigura a imagem dEle refletida no casamento. Faça tudo em seu poder para perseverar no amor até o fim.

## 90. Amor inconveniente

*Como o louco que lança fogo, flechas e morte,
assim é o homem que engana a seu próximo e diz:
Fiz isso por brincadeira.*
Provérbios 26.18,19

*O que bendiz ao seu vizinho em alta voz, logo de manhã,
por maldição lhe atribuem o que faz.*
Provérbios 27.14

*O amor [...] não se conduz inconvenientemente...*
1Coríntios 13.4,5

O amor verdadeiro não envergonha aqueles a quem ama. Como homens, tendemos a ser inconvenientes às vezes, seja pela falta de educação, por maus hábitos, seja pela insensibilidade. Agimos de formas inadequadas, envergonhando a esposa e os filhos.

Boas maneiras exigem que pensemos no outro acima de nós mesmos. Essa foi a atitude sempre exemplificada por Jesus. Princípios de etiqueta normalmente não são regras arbitrárias criadas por esnobes, mas representam tentativas de praticar a preciosidade *dos outros*. O vizinho que cumprimenta seu colega em alta voz de madrugada revela uma despreocupação com o bem-estar de quem mora ao lado.

O homem sábio mostra sensibilidade para com os que estão ao seu redor, através de boas maneiras que valorizam o outro acima de si mesmo.

Linguagem imprópria, fofocas, fala incessante, hábitos não decorosos, gritarias, explosões de raiva, palavrões, egoísmo, insensibilidade, sensualidade e uma aparência relaxada podem prejudicar o testemunho da família e o prazer do lar. Todas estas são maneiras em que o homem pode ser inconveniente e causar vergonha à esposa, aos filhos e a si mesmo.

## 91. Juntos na disciplina

> Corrige o teu filho, e te dará descanso,
> dará delícias à tua alma.
> Provérbios 29.17

A disciplina dos filhos leva ao descanso e a delícias num futuro próximo. Mas exige cooperação entre marido e esposa. O homem que se omite na disciplina dos filhos ou no ensino sobrecarrega sua esposa com fardos pesados — e vice-versa.

Seja um homem que vive *a vida comum do lar* (1Pe 3.7), dividindo com a esposa a disciplina dos filhos. Melhor ainda, quando você estiver em casa, assuma integralmente a disciplina.

Dividam as tarefas de maneira justa na educação de seus filhos. Busquem a coerência entre vocês. Façam uma frente unida e não estejam divididos diante dos filhos. Não discorde de sua esposa na frente deles!

Podemos oferecer mais algumas sugestões práticas para os pais na disciplina dos seus filhos:

- Ensinar os limites.
- Distinguir entre imaturidade e rebeldia.
- Disciplinar a rebeldia.
- Ensinar quando houver irresponsabilidade.
- Demonstrar amor e graça.
- Não permitir que ele resista à vara, chore incorretamente etc.
- Não permitir que ele responda de forma negativa ao ser disciplinado.
- Disciplinar atitudes, e não somente ações.
- Ficar aberto para as explicações que ele der, desde que sejam feitas de forma correta.
- Prestar atenção para ver se ele sabe aceitar correção ou se sempre tem de ter a última palavra.
- Aprender, você mesmo, a pedir perdão a ele quando errar, e também aceitar correção quando ele apontar (respeitosamente) um erro seu.

## 92. O temor aos homens

*Quem teme ao homem arma ciladas,
mas o que confia no S*ENHOR *está seguro.*
Provérbios 29.25

*Porventura, procuro eu, agora,
o favor dos homens ou o de Deus?
Ou procuro agradar a homens?
Se agradasse ainda a homens,
não seria servo de Cristo.*
Gálatas 1.10

O temor aos homens é o oposto do temor do Senhor. Embora o termo traduzido por "temor" em Provérbios 29.25 seja diferente, a ideia é a mesma: quem teme aos homens confia nos homens, depende dos homens, espera dos homens o que somente Deus pode dar. Esse é um conceito-chave no livro de Provérbios, que nos exorta a confiar no Senhor de *todo* o nosso coração (Pv 3.5,6).

Os sintomas dessa doença-pecado são muitos: ansiedade, hipocrisia, mentira, exagero, comparação, desânimo, depressão, ira, manipulação e vaidade, entre outros. Mas talvez um dos principais sintomas seja o perfeccionismo junto com o ativismo.

Em vez de sermos seguros, muitos de nós, homens, temos medo do que outras pessoas vão pensar se tratarmos nossa esposa com delicadeza. Mas Deus requer um homem que realmente entenda sua posição em Cristo, para proteger e cuidar de sua esposa como *parte mais frágil* (1Pe 3.7). Seja um homem cavalheiro, sempre abrindo a porta para sua esposa, puxando a cadeira para ela se sentar, ficando entre ela e o trânsito ao caminharem juntos, assumindo as tarefas mais desagradáveis do lar.

Algumas pessoas têm tanto medo do que os outros vão pensar sobre elas que nunca conseguem dizer "não". Aceitam múltiplas responsabilidades na igreja, além das suas capacidades e do seu tempo, por medo de desapontar alguém. Muitos dizem "sim" a todo convite não por amor a Jesus e com a motivação correta, mas porque temem o que os outros podem pensar. Acabam negligenciando os cuidados com os filhos, com o cônjuge e com a casa. O marido talvez tenha que ajudar a esposa a encarar suas reais motivações nesses casos.

Avalie bem a sua vida, suas prioridades e motivações. Você tem negligenciado o importante para dar atenção ao que considera urgente porque não quer desapontar outras pessoas? Caiu no erro extremo de ativismo como forma de construir sua identidade baseada no que faz? Clame a Deus por discernimento e por coragem para se livrar do temor aos homens.

## 93. O valor da mulher virtuosa

*Mulher virtuosa, quem a achará?*
*O seu valor muito excede o de finas joias.*
*O coração do seu marido confia nela,*
*e não haverá falta de ganho.*
*Ela lhe faz bem e não mal,*
*todos os dias da sua vida.*
Provérbios 31.10-12

A poesia acróstica que encerra o livro de Provérbios canta os louvores da mulher virtuosa de A a Z na língua original, hebraico. Cada um dos 22 versículos de 31.10-31 descreve uma característica da mulher que personifica os valores da sabedoria destacados ao longo do livro todo.

Muitos homens elogiam a beleza da esposa. Mas a beleza interior é mais importante, pois a exterior é passageira.

Para honrar a sua esposa usando a mesma técnica, faça um poema acróstico, destacando uma qualidade de caráter dela com cada letra do seu nome. Por exemplo:

**M** eiga
**A** mável
**R** esponsável
**I** nteligente
**A** legre

Outra maneira de mostrar para sua esposa o valor que ela tem: Planeje com antecedência e tente poupar certo valor até conseguir presenteá-la com uma joia preciosa (anel, brincos, pulseira etc.). A joia pode representar para sua esposa o que ela vale para você. Aproveite um almoço ou jantar especial e entregue sua preciosa lembrança!

## 94. Coração confiante

> *O coração do seu marido confia nela,
> e não haverá falta de ganho.*
> Provérbios 31.11

> *O amor [...] tudo crê...*
> 1Coríntios 13.4,7

Para sermos melhores amigos de alguém, o nosso relacionamento precisa passar por provas de compatibilidade e confiabilidade. Com o passar do tempo, crescemos na intimidade porque aprendemos a *confiar* no nosso amigo. Por exemplo, Provérbios lista pelo menos duas características de confiabilidade entre amigos:

- O amigo sabe esquecer (*O que encobre a transgressão adquire amor, mas o que traz o assunto à baila separa os maiores amigos* — Pv 17.9).
- O amigo consegue guardar segredos (*O mexeriqueiro descobre o segredo, mas o fiel de espírito o encobre* — Pv 11.13; compare com 25.9).

Desconfiança e suspeita são inimigas gêmeas que destroem o fundamento do lar. Minam o alicerce de fé e verdade que estabiliza a família. Para termos intimidade com alguém, precisamos poder confiar nessa pessoa.

Você confia em sua esposa? Percebe o valor que ela traz para sua vida, seu lar, seus filhos? Claro que ela não é perfeita, mas *é a vontade de Deus para você* — a esposa que *você* precisava! Que tal mostrar sua apreciação por ela, entregando-lhe um "certificado" que vale algumas "sessões" de cafuné, uma saída para tomar sorvete ou talvez um frasco do perfume predileto dela?

Se você tem dificuldades com ciúmes, ou sempre fica desconfiado da sua esposa, esforce-se em direção a uma santa confiança. O ideal é que haja transparência entre vocês. Busque esclarecimentos com oração, calma e sabedoria. Dê tempo e espaço para sua esposa abrir o coração, sem medo de "broncas", e comprometa-se a sempre acreditar nas palavras dela.

Se seu relacionamento já passou por problemas que geraram, com razão, uma desconfiança, talvez precise de tempo para reconquistar a fé. Nesse caso, procure um conselheiro bíblico que possa acompanhá-los nos passos de renovação da sua confiança mútua.

## 95. Descanso necessário

*Mulher virtuosa, quem a achará?*
*O seu valor muito excede o de finas joias.*
*O coração do seu marido confia nela,*
*e não haverá falta de ganho.* [...]
*É ainda noite, e já se levanta,*
*e dá mantimento à sua casa e a tarefa às suas servas.*
Provérbios 31.10,11,15

Mesmo que o trabalho dela seja centrado no lar, a mulher virtuosa traz muitos benefícios econômicos para sua família e principalmente para seu marido. Ela é uma trabalhadora diligente e, por causa dela, não há *falta de ganho* em sua casa (Pv 31.11).

Seja pela economia, seja pela diligência, seja pela criatividade, a mulher sábia traz benefícios econômicos para sua família.

Como marido, você tem reconhecido (e agradecido) à sua esposa pela bênção financeira que ela tem sido no lar? Ou só exige cada vez mais dela? Ironicamente, com o movimento feminista, a "libertação" da mulher na sociedade só tem feito dela uma escrava exausta. Muitas mulheres não têm sequer um dia da semana para descansar.

Sua esposa tem "dia de folga"? Que tal honrá-la, dando-lhe um dia ou uma noite fora de casa, junto com amigas, com todas as despesas pagas? Você cuidará das crianças e dará todas as condições para ela descansar, passear e se cuidar.

## 96. Abrindo a mão ao aflito

[A mulher virtuosa] *Abre a mão ao aflito; e ainda a estende ao necessitado.*
Provérbios 31.20

*Quanto às mulheres idosas, semelhantemente, que sejam sérias em seu proceder, não caluniadoras, não escravizadas a muito vinho; sejam mestras do bem, a fim de instruírem as jovens recém-casadas a amarem ao marido e a seus filhos, a serem sensatas, honestas, boas donas de casa, bondosas, sujeitas ao marido, para que a palavra de Deus não seja difamada.*
Tito 2.3-5

A mulher virtuosa não somente abençoa sua própria família. O ministério dela começa em casa, com o marido e os filhos, mas se estende, como círculos concêntricos, do lar para o mundo.

O marido tem um papel estratégico como "técnico" dessa jogadora craque chamada "mulher virtuosa". Ele a ajuda a manter o equilíbrio entre seu envolvimento em ministérios fora e dentro do lar.

Algumas mulheres tentam abraçar o mundo, mas negligenciam sua própria família. Outras se sentem mal porque parece que passam seu dia só cuidando de crianças pequenas e do lar, sem nenhum envolvimento significativo na vida de outros. O marido sábio precisa ajudar a esposa a reconhecer que há etapas na vida e no ministério da mulher. A fidelidade dela nos ministérios principais que Deus lhe deu agora — amar o marido, os filhos e cuidar do lar — lhe dará ministérios mais abrangentes amanhã.

Você tem encorajado sua esposa a se dedicar aos ministérios que Deus lhe deu agora? Você a incentiva a se envolver em outros serviços voluntários, na comunidade ou na igreja, com sabedoria e equilíbrio? Existe a possibilidade de vocês servirem *juntos* em algum ministério?

# 97. Sacerdote do lar... e da comunidade

> *Seu marido [da mulher virtuosa] é estimado entre os juízes, quando se assenta com os anciãos da terra.*
> Provérbios 31.23

> *Maridos, amai vossa mulher, como também Cristo amou a igreja e a si mesmo se entregou por ela,*
> *para que a santificasse, tendo-a purificado por meio da lavagem de água pela palavra.*
> Efésios 5.25,26

A mulher temente a Deus e virtuosa acaba liberando seu marido para exercer influência sacerdotal não somente no lar, mas também na comunidade. Em parte por causa do auxílio dela como *boa dona de casa* (Tt 2.5), ele pode ser considerado alguém que *governa bem a própria casa* (1Tm 3.4) e, por isso, homem irrepreensível, capaz de ser um "ancião" ou "líder espiritual" na comunidade.

O apóstolo Paulo deixa claro que essa influência maior começa no pastoreio do lar. Ele usa o argumento do menor ao maior para qualificar presbíteros para o pastoreio da família de Deus: *pois, se alguém não sabe governar a própria casa, como cuidará da igreja de Deus?* (1Tm 3.5). Paulo evidencia isso em Efésios 5 quando chama homens para pastorear a esposa como Cristo faz com a igreja: *para que a santificasse, tendo-a purificado por meio da lavagem de água pela palavra* (Ef 5.26).

Você tem desempenhado o sacerdócio da sua família? Usa a Palavra de Deus para instruir os seus sobre os caminhos do Senhor? Ora em favor de membro da família? Vigia as formas de entretenimento em casa, para realmente santificar seu lar? Não podemos, nem devemos, exportar para outros o que ainda não importamos para nós. Seja o sacerdote do seu lar!

## 98. Preocupações e oração conjugal

> A força e a dignidade são os seus vestidos,
> e, quanto ao dia de amanhã, não tem preocupações.
>
> Provérbios 31.25

> Maridos, vós, igualmente, vivei a vida comum do lar, com discernimento; e, tendo consideração para com a vossa mulher como parte mais frágil, tratai-a com dignidade, porque sois, juntamente, herdeiros da mesma graça de vida, para que não se interrompam as vossas orações.
>
> 1Pedro 3.7

Sua esposa tem preocupações quanto ao amanhã? O marido que se esforça para conhecê-la e ajudá-la vai longe para livrá-la dos fardos da vida.

O homem que vive *a vida comum do lar* não somente marca presença em casa. Ele se faz presente mesmo quando está longe dos seus. Ele não apenas delega tarefas para sua esposa; ele verifica que ela tenha condições de enfrentar o amanhã.

Uma das melhores maneiras de carregar os fardos da esposa é pela oração conjugal. Muitas esposas desejam que o marido ore com elas. Mas a grande maioria nunca o faz, fora talvez uma oraçãozinha antes de uma refeição. Parte da razão pode ser inibição e inseguranças pessoais dele. Outra explicação pode ser um tratamento áspero e insensível para com a esposa, que faz com que a oração seja uma farsa.

Se você ainda não tem o costume de orar com sua esposa, que tal começar hoje? Comece de forma simples — talvez uma breve oração antes de dormir. Não faça disso um exercício religioso ou algo legalista. Busquem a Deus juntos de forma sincera, objetiva e breve. *Lançando sobre ele toda a vossa ansiedade* (1Pe 5.7) logo se tornará um hábito em seu casamento.

## 99. O elogio familiar

> *Levantam-se seus filhos e lhe chamam ditosa;*
> *seu marido a louva, dizendo:*
> *Muitas mulheres procedem virtuosamente,*
> *mas tu a todas sobrepujas.*
> Provérbios 31.28,29

Seus filhos reconhecem o valor que sua esposa tem? O marido e pai tem um papel estratégico em liderar os filhos no respeito e na honra à mãe deles. Ele faz isso pelo exemplo — como ele fala com ela e sobre ela, como a trata pública e particularmente. Em tudo ele demonstra ser o "fã número um" dela.

Às vezes, o marido precisa proteger sua esposa dos próprios filhos. Obviamente, não incentivamos hostilidade entre pais e filhos, como se o lar fosse um campo de batalha. Mas, com certa frequência, o pai precisa deixar claro para os filhos que sua esposa é *sua esposa* em primeiro lugar, e depois a mãe deles. Por isso, ele não pode tolerar filhos que fazem sua esposa ficar triste por causa do desrespeito ou da desobediência. Se ele chegar em casa e encontrar a esposa em lágrimas por causa do comportamento dos filhos, é hora de juntar a turma e pôr tudo nos eixos novamente.

Mas, acima de tudo, o marido e pai precisa aproveitar as oportunidades de levantar, junto com os filhos, e reconhecer as virtudes da supermulher que Deus lhes deu. Há muitas maneiras de fazer isso, conforme a personalidade e o gosto da sua esposa. Algumas mulheres não gostam de demonstrações públicas, e outras, sim.

Com crianças pequenas, vocês podem preparar um cartão ou livrinho simples, listando e desenhando todas as razões por que ela é especial na vida de vocês. Em outra ocasião, podem surpreendê-la com uma refeição especial em honra dela, ou presenteá-la com um certificado para um "dia de beleza" em um *spa* ou no cabeleireiro. Procure fazer isso em um momento não esperado, e não somente no Dia das Mães ou no aniversário dela.

## 100. A mulher que teme ao Senhor

> Enganosa é a graça, e vã, a formosura,
> mas a mulher que teme ao SENHOR, essa será louvada.
> Provérbios 31.30

> Pois o exercício físico para pouco é proveitoso, mas a piedade para tudo é proveitosa, porque tem a promessa da vida que agora é e da que há de ser.
> 1Timóteo 4.8

Há homens que elogiam sua esposa, mas focam seus comentários na beleza física. Isso é correto e tem precedente bíblico. Por exemplo, no livro de Cântico dos Cânticos, encontramos longos trechos em que Salomão elogia a formosura da Sulamita (1.9,10,15; 2.2; 4.1-15; 6.4-10; 7.1-9). Mas elogiar o físico não é suficiente. Mesmo no Cântico, o marido mistura elogios à aparência da amada com louvor do caráter da sua noiva. Isso, em parte, porque, como diz Provérbios 31.30, a beleza física eventualmente desvanece, mas a beleza interior é eterna.

Se o nosso louvor se restringe a questões externas ("Eu a amo porque você é bonita demais..."), o que acontece quando as rugas aparecem, o peso aumenta e o cabelo muda de cor? Por isso, elogie a beleza física, mas focalize também o caráter.

Pense nas qualidades de caráter dela e anote-as num "caça-palavras" no sentido vertical, horizontal e diagonal, preenchendo outros espaços com letras avulsas. Entregue-o à sua esposa para que ela procure as qualidades de caráter que você já encontrou nela.

## 101. Louvor público

*Dai-lhe do fruto das suas mãos,
e de público a louvarão as suas obras.*
Provérbios 31.31

*Leva-me à sala do banquete,
e o seu estandarte sobre mim é o amor.*
Cântico dos Cânticos 2.4

Você elogia sua esposa em público? Como já mencionamos, tome cuidado para verificar que sua esposa não se sinta mal com demonstrações "ao ar livre" da sua apreciação por ela. Mesmo assim, há múltiplas maneiras de demonstrar aos outros seu carinho pela esposa sem fazer um *show* ou envergonhá-la.

No livro de Cântico dos Cânticos, a Sulamita exulta no amor aberto do noivo, Salomão. O relacionamento deles não foi um "namoro escondido". A *sala do banquete* era um lugar público, e o *estandarte* do amor foi uma demonstração aberta de que ele só tinha olhos para ela.

Homens que têm ministérios públicos têm um dever elevado de deixar claro para todos o seu amor exclusivo pela esposa. Por ter certa projeção diante de outros (na sala de aula, no púlpito), esse marido não pode correr o risco de algumas pessoas pensarem que o relacionamento com sua esposa deixa a desejar.

A próxima vez que você estiver com um grupo de amigos, ou dando uma aula, em vez de contar uma piada sobre sua esposa, fale algo que a destaque ou a elogie. Você declarará diante de todos as virtudes dessa mulher maravilhosa que Deus lhe deu!

O marido sábio não perde chance de elogiar sua esposa publicamente. Por exemplo, se sua esposa tem habilidades e talentos especiais em trabalhos manuais, tire fotos e mostre um pouco do que ela faz para as amigas dela ou visitantes em casa. Comemore eventos importantes na vida dela (uma formatura, promoção, aniversário) com fotos e postagens em mídias sociais. *De público a louvarão as suas obras.*

# Sobre os autores

O pastor David Merkh tem seu Doutorado em Ministério (com ênfase familiar) pelo *Dallas Theological Seminary*. Ele é professor no Seminário Bíblico Palavra da Vida, em Atibaia, SP, desde 1987. Sua esposa, Carol Sue, fez Pedagogia na Universidade de Cedarville, nos EUA, e tem um ministério de aconselhamento e discipulado de moças e jovens esposas.

Casados desde 1982, o casal tem seis filhos e dezoito netos. São autores de vários livros sobre temas familiares, bíblicos e ideias criativas para vida e família. O casal ministra na Primeira Igreja Batista de Atibaia, onde David é pastor de Exposição Bíblica. Pastor David e Carol Sue viajam o mundo ministrando palestras sobre a família do pastor e missionário.

*Outros recursos oferecidos pelos autores para a família e para grupos pequenos*

Considere estes outros recursos, oferecidos por David e Carol Sue Merkh e publicados pela Editora Hagnos e pelos próprios autores:

## Série Construindo um lar cristão

- *15 lições para transformar seu casamento*
  Através de um texto prático e repleto de inspiração, David e Carol Sue Merkh nos revelam as bases bíblicas para a construção de uma família debaixo graça.
- *15 lições para a criação de filhos*
  Neste livro os autores apresentam ferramentas práticas para educar e disciplinar com amor. Abordam diferentes temáticas como: pastoreio no lar, honra, ira, perdão, legado e amor.
- *15 lições para fortalecer sua família*
  Neste livro os autores discorrem sobre temas e situações preocupantes no casamento, incluindo: maus hábitos, crítica, parentes, finanças, sogros, discussões e decisões sobre o futuro.

## Série 101 ideias criativas

- *101 ideias criativas para grupos pequenos*
  Um livro que ajuda muitos no ministério com grupos familiares e nos vários departamentos da igreja. Inclui ideias para quebra-gelos, eventos e programas sociais, assim como brincadeiras para grupos pequenos e grandes.
- *101 ideias criativas para o culto doméstico*
  Recursos que podem dinamizar o ensino bíblico no contexto do lar e deixar as crianças "pedindo mais".

- *101 ideias criativas para mulheres* (Carol Sue Merkh e Mary-Ann Cox).
  Sugestões para transformar a reunião de mulheres num evento inesquecível, que causa impacto na vida das mulheres. Inclui ideias para chás de bebê, chás de cozinha e reuniões gerais da sociedade feminina da igreja. Termina com dez esboços de devocionais para encontros de mulheres.
- *101 ideias criativas para a família*
  Apresenta sugestões para enriquecer a vida familiar, com ideias práticas para:
  - O relacionamento marido-esposa;
  - o relacionamento pai-filho;
  - aniversários;
  - refeições familiares;
  - a preparação para o casamento dos filhos;
  - viagens.
- *101 ideias criativas para professores* (David Merkh e Paulo França).
  Dinâmicas didáticas para enriquecer o envolvimento dos alunos na aula e desenvolver a melhor compreensão do seu ensino.

## Série Paparicar

- *101 ideias de como paparicar seu marido*
  Pequeno manual com textos bíblicos aplicados à maneira como as mulheres podem demonstrar, de forma prática, seu amor e respeito por seu marido.

## Outros livros

- *151 boas ideias para educar seus filhos*
  Uma coletânea dos textos bíblicos voltados para a educação de filhos, com sugestões práticas e criativas para sua aplicação no lar.
- *O legado dos avós* (David Merkh e Mary-Ann Cox)
  Um livro escrito por uma sogra, em parceria com seu genro, sobre o desafio bíblico para deixarmos um legado de fé para

a próxima geração. Inclui: 13 capítulos desenvolvendo o ensino bíblico sobre a importância do legado, apropriados para estudo em grupos pequenos, Escola Bíblica etc.

- *101 ideias criativas de como os avós podem investir na vida dos netos.*

- *O namoro e noivado que DEUS sempre quis* (David Merkh e Alexandre Mendes)
  Uma enciclopédia de informações e desafios para jovens que querem seguir princípios bíblicos e construir relacionamentos sérios e duradouros para a glória de Deus.

- *Perguntas e respostas sobre o namoro e o noivado* (que Deus sempre quis) — (David Merkh & Alexandre França).
  Visa preencher algumas lacunas de leituras anteriores; e encorajar o casal a compreender a suficiência das Escrituras na prática de situações cotidianas do namoro, noivado e direcionamento ao casamento.

- *Comentário bíblico: lar, família e casamento* (David Merkh)
  O livro aborda todas as áreas que envolvem a família, começando pelo seu propósito real e o significado desta perante Deus; passando por temas mais densos como divórcio, pureza sexual e jugo desigual, até chegar às definições bíblicas dos papéis de homens e mulheres dentro da nossa sociedade.

*Anotações*

# Anotações

*Anotações*

Anotações

Sua opinião é importante para nós. Por gentileza, envie seus comentários pelo e-mail editorial@hagnos.com.br

Visite nosso site: www.hagnos.com.br

Esta obra foi impressa na Imprensa da Fé. São Paulo, Brasil. Primavera de 2020.